长三角一体化背景下G60科创走廊创新生态体系研究

刘洪民　杨艳东　著

中国财经出版传媒集团
中国财政经济出版社

图书在版编目（CIP）数据

长三角一体化背景下G60科创走廊创新生态体系研究／刘洪民，杨艳东著．--北京：中国财政经济出版社，2023.6

ISBN 978-7-5223-2122-6

Ⅰ.①长… Ⅱ.①刘… ②杨… Ⅲ.①长江三角洲－高技术企业－企业创新－研究 Ⅳ.①F279.244.4

中国国家版本馆CIP数据核字（2023）第054388号

责任编辑：彭　波　　　　责任印制：史大鹏
封面设计：卜建辰　　　　责任校对：徐艳丽

中国财政经济出版社 出版

URL：http：//www.cfeph.cn

E-mail：cfeph@cfeph.cn

社址：北京市海淀区阜成路甲28号　邮政编码：100142

营销中心电话：010-88191522

天猫网店：中国财政经济出版社旗舰店

网址：https：//zgczjjcbs.tmall.com

北京财经印刷厂印刷　各地新华书店经销

成品尺寸：170mm×240mm　16开　13印张　175 000字

2023年6月第1版　2023年6月北京第1次印刷

定价：68.00元

ISBN 978-7-5223-2122-6

（图书出现印装问题，本社负责调换，电话：010-88190548）

本社质量投诉电话：010-88190744

打击盗版举报热线：010-88191661　QQ：2242791300

浙江省软科学研究计划重点项目（2020C25001）
浙江省高校重大人文社科攻关计划项目（2021GH029）
教育部人文社会科学研究规划基金项目（22YJA630052）　　**资助出版**
浙江省哲学社会科学规划课题（21NDJC106YB）
浙江省高等学校中青年学科带头人培养计划

前　　言

实施长三角一体化发展国家战略，是党中央着眼新时代改革开放和现代化建设大局作出的重大部署。作为我国经济最具活力、开放程度最高、创新能力最强的区域之一，也是“一带一路”和长江经济带的重要交汇点，长三角构成了改革开放和现代化强国建设的国家战略布局的策源地之一，长三角深度一体化是中国模式的核心构成和中国经济发展的重大支撑。长三角G60科创走廊是在长三角一体化国家战略的顶层设计之下，依托G60高速公路和沪苏湖、商合杭高铁两大交通大通道，由上海市松江区，江苏省苏州市，浙江省杭州市、湖州市、嘉兴市、金华市，安徽省合肥市、芜湖市、宣城市9个市（区）协同打造的高能级科技创新平台。长三角G60科创走廊从上海松江区的1.0版本，到沪嘉杭联动的2.0版本，再到沪苏浙皖九地区的3.0版本，不断扩容升级的背后，正是长三角地区科创和产业融合发展、区域一体化共识不断深化的过程，正是区域创新生态系统不断生动实践的过程。升级后的长三角G60科创走廊，在沪嘉杭的基础上，形成了“一廊一核多城”的空间布局规划，覆盖面积约7.62万平方公里，是长三角经济密度最高的地区，定位是打造长三角贯彻落实新发展理念引领示范区的重要引擎，将完成长三角一体化重大任务的先行先试。

创新驱动战略作为目前国家创新的最大现实诉求和趋势，需要一种契合现实情境的区域创新实践理论进行宏观布局和具体安排。区域创新生态体系构建与创新驱动发展战略具有内在的契合性，在创新驱动战略中嵌入创新生态系统的思维模式和实践方式，符合国家创新驱动发展方向和最终目标的设定，也为使用区域创新生态系统作为理论工具，探索长三角G60科创走廊的建设发展提供了必要前提和正当性。中共中央、国务院印发的《长江三角洲区域一体化发展规划纲要》指出，“持续有序推进G60科创走廊建设，打造科技和制度创新双轮驱动、产业和城市一体化发展的先行先试走廊”。科技部、国家发展改革委、工业和信息化部等六部委联合印发的《长三角G60科创走廊建设方案》，要求“以高标准创新能力建设为支撑，促进长三角基层加强合作和跨行政区域协调联动，着力打造科技创新策源地”。在此大的背景下，高质量推进G60科创走廊创新生态系统建设并就加强G60科创走廊创新生态体系及治理机制展开理论和对策研究富有战略性，凸显了本书研究的重要理论价值和应用价值。一方面，是对中国情境下区域创新生态体系建设和治理机制的探索和发展；另一方面，从应用层面提升长三角及其他区域创新生态建设的科学性。

本书由浙江科技学院刘洪民、浙江工业大学杨艳东共同撰写完成并对全书统一审定。研究生蒋芸菁、方予诺参与撰写工作，其硕士论文相关研究在本书部分章节体现。研究生姜玉婷、熊清怡参与了部分章节的撰写和资料的搜集、校对工作。

本书的出版得到浙江省软科学研究计划重点项目（2020C25001）、浙江省高校重大人文社科攻关计划项目（2021GH029）、教育部人文社会科学研究规划基金项目（22YJA630052）、浙江省哲学社会科学规划课题（21NDJC106YB）、浙江省高等学校中青年学科带头人培养计划资助。项目研究过程中许多领导、专家和同事给予了大力支持，中国财政经济出版社的编辑更是给予了通力合作，在此一并表示感谢！

由于作者水平有限，加之科创走廊创新生态体系研究是一项综合性较强的新课题，本书只是进行了一些探索性研究，难免存在诸多不足之处，还请各位专家和读者批评指正，便于我们在后续的研究工作中不断加以改进。

作　者

2023 年 2 月

目　录

第一章

长三角 G60 科创走廊创新生态系统研究的时代内涵

党的二十大报告指出，要“完善科技创新体系”“坚持创新在我国现代化建设全局中的核心地位”“形成具有全球竞争力的开放创新生态”。要“加快实施创新驱动发展战略”“营造有利于科技型中小微企业成长的良好环境，推动创新链产业链资金链人才链深度融合”。长三角 G60 科创走廊建设与国家整体创新驱动发展战略具有内在的契合性，区域 G60 科创走廊科创与产业融合发展是实现创新生态优化的重要途径。长三角 G60 科创走廊城市是长三角大城市群高质量发展最重要的驱动力量，其在创新驱动、平衡协调、绿色生态、开放共赢、共享普惠和集约高效六个方面的提升速度远超于其他城市。本章分析长三角 G60 科创走廊发展的时代背景及区域创新生态系统研究的时代内涵，简要阐述长三角 G60 科创走廊创新生态系统研究的现实意义。

第一节　长三角 G60 科创走廊发展的时代背景

一、长三角 G60 科创走廊的建设背景

实施长三角一体化发展国家战略，是党中央着眼新时代改革开放和现

代化建设大局作出的重大部署。作为我国经济最具活力、开放程度最高、创新能力最强的区域之一，也是“一带一路”和长江经济带的重要交汇点，长三角构成了改革开放和现代化强国建设的国家战略布局的策源地之一，长三角深度一体化是中国模式的核心构成和中国经济发展的重大支撑。2019年12月1日，中共中央、国务院《长江三角洲区域一体化发展规划纲要》（以下简称《规划纲要》）正式公开发布。《规划纲要》特别提出“建立长三角G60科创走廊等一批跨区域合作平台”“依托交通大通道，以市场化、法治化方式加强合作，持续有序推进长三角G60科创走廊建设，打造科技和制度创新双轮驱动、产业和城市一体化发展的先行先试走廊”，标志着长三角G60科创走廊从秉持新发展理念的基层生动实践上升为国家战略的重要组成部分。

长三角G60科创走廊是在长三角一体化国家战略的顶层设计之下，依托G60高速公路和沪苏湖、商合杭高铁交通大通道，由上海市松江区，江苏省苏州市，浙江省杭州市、湖州市、嘉兴市、金华市，安徽省合肥市、芜湖市、宣城市9个市（区）协同打造，总面积7.62万平方公里。如图1-1所示，长三角G60科创走廊从上海松江区“一廊九区”的1.0版本，到沪嘉杭联动的2.0版本，发展到沪苏浙皖九地区“一廊一核多城”的3.0版本，不断扩容升级“三级跳”的背后，正是长三角地区科创驱动、融合发展、区域一体化共识不断深化的过程。2019年12月，中共中央、国务院正式印发实施《长江三角洲区域一体化发展规划纲要》，长三角G60科创走廊上升为国家战略并被纳入国家“十四五”规划和2035年远景目标纲要。2020年10月，科技部、国家发展改革委、工业和信息化部等六部委联合印发《长三角G60科创走廊建设方案》（国科发规〔2020〕287号），指导思想是紧扣“一体化”和“高质量”两个关键词，以市场化、法治化为导向，以“科创+产业”为抓手，以高标准创新能力建设为支撑，促进长三角基层加强合作和跨行政区域协调联动，着力打造科技创新策源地，着力打造世界级产业集群，着力打造产城融合典范，着力打造一流营商环境，形成资金共同投入、技术共同转化、利益共同分享的协同创新共同体，建成科技和制度创新双轮驱动、产业和城市一体化发展的先行先试走廊。

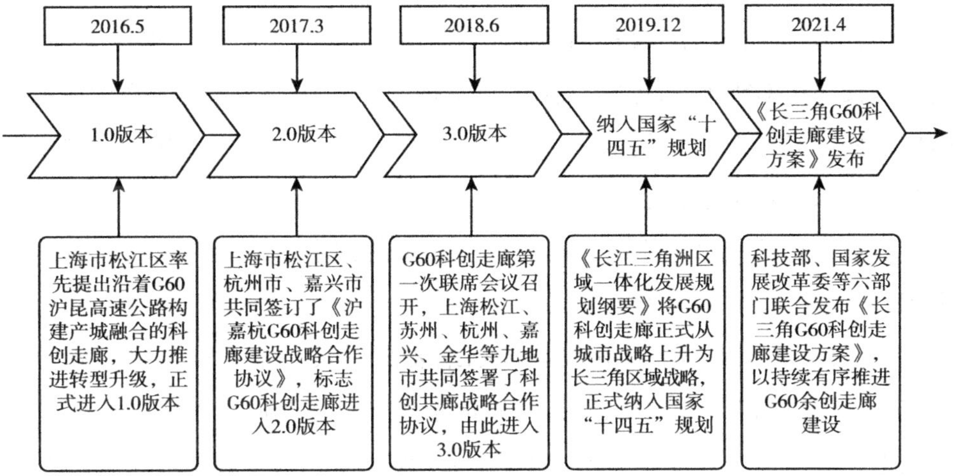

图1-1 长三角G60科创走廊简要发展历程

长三角G60科创走廊城市群位于长三角地区的核心区域，具有得天独厚的地理优势及发达便利的交通网络，从空间格局分布上看，九个城市形成“Y”字形空间结构，总覆盖面积约7.62万平方公里，区域常住人口约4900万人。作为长三角区域的核心地带，长三角G60科创走廊城市群已成为资源配置最丰富、研发投入强度最大、经济发展速度最快的区域之一。近年来，长三角G60科创走廊瞄准国际先进科创能力和产业体系，“含新量”不断提高——九城市地区研发投入强度从2018年的3%提升至2021年的3.55%，高于全国2.44%的水平。高新技术企业增加了1.3倍。PCT国际专利申请数量增长了1.6倍。2018年以来，九城市战略性新兴产业增加值占GDP比重从11.5%上升到15%。高新技术企业数从1.49万家增长到3.65万家，省级以上专精特新“小巨人”企业数增长226.4%，“产学研”合作深度与部分国际科创走廊水平相当。2019年2月15日，长三角G60科创走廊沿线九个城（区）与上海证券交易所宣布设立“上证G60指数”，长三角一体化和科创板建设两大国家战略，在长三角G60科创走廊找到了深度融合的一个支点。自2018年3.0版本长三角G60科创走廊建设以来，科创走廊集聚了2.1万余家高新技术企业，国家和省级重点实验室及工程技术研究中心1262个，高等院校196所，并形成了一批可复制可推广的经验做法，为日后国内广深科创走廊、成渝科创走廊等的建设提供了借鉴。同时，长三角G60科创走廊也在不断发挥平台作用。沿着“走廊”，先后诞生了松江G60脑智科创基地、合肥综合性国家科学中心、苏州市国家生物制药技术创新中心、之江实验室、科恩实验室、优图实验室等一批重大研发平台。在长三角其他地区还涌现了若干科创走廊，如杭州城西科创大走廊、宁波甬江科创大走廊等。

《长江三角洲区域一体化发展规划纲要》对长三角G60科创走廊的战略定位是中国制造迈向中国创造的先进走廊、科技和制度创新双轮驱动的先试走廊、产城融合发展的先行走廊。到2025年，基本建成具有国际影响力的科创走廊。形成若干世界级制造业集群，在国内外产业分工和价值链中的地位明显提升，成为我国重要创新策源地。长三角G60科创走廊地区目前已聚集1000多家头部企业、众多高新技术企业以及重点高校和研究所，共建立了如苏州工业园区、张江高科技园区等四十多个科技产业园区。区域内一流高校云集，拥有如复旦大学、浙江大学等世界级知名高校。目前长三角G60区域内的创新研发活动主要以各市的高校为中心进行局部扩散，各大高新技术企业沿交通要道分布，形成了以上海、苏州、杭州为核心的分布局面，但区域内部各个城市由于经济基础和资源禀赋不同，其科创产业发展水平仍存在较大差距。

二、长三角G60科创走廊经济发展概况

从长三角G60科创走廊城市群经济发展的整体状况来看，九座城市的GDP总量很高，增长速度也较快。如表1-1所示，以2019年数据为基准，其中长三角G60科创走廊城市群九城市GDP总和突破十万亿元大关，高达

10.04万亿元。2019年长三角地区27座城市GDP总和约23.7万亿元，仅仅九座城市GDP的总和就占据了长三角中心区27座城市比重将近一半，为整个长三角区域经济协调发展作出了巨大贡献。

表1-1 2010~2019年长三角G60城市群GDP总和与GDP增长率

年份	GDP（亿元）	GDP增长率（%）
2010	43558.3	—
2011	50510.4	15.96
2012	55383.0	9.65
2013	59083.6	6.68
2014	64180.4	8.63
2015	70340.8	9.60
2016	77148.8	9.68
2017	85305.4	10.57
2018	94032.5	10.23
2019	100405.8	6.78

从增长速度来看，长三角G60科创走廊经济增势也十分突出。2019年中国GDP增长率约为6.1%，长三角地区的GDP增长率约为6.4%，而长三角G60科创走廊城市群九城市的GDP总和相较于2018年的9.4万亿元增长了近6.7%，高于全国增速约0.6%，高于长三角地区约0.3%，近年来，长三角G60科创走廊城市群经济更是高速发展，尤其是2015~2018年，长三角G60科创走廊城市群每年的GDP增长率都高达10%，2010~2019年长三角G60城市群的地区生产总值翻了近2.3倍。

为了更好衡量各地区的经济水平差异，以下从人均GDP这个数据进一步分析。2019年九座城市的人均GDP超过了全国的平均水平，但是长三角G60科创走廊城市群内部的九个城市经济发展水平差异较大，九座城市仍处于工业化的不同发展阶段。以2019年统计数据为例，苏州人均GDP处于领先水平，将近18万元；上海、杭州人均GDP均超过了15万元；合肥人均GDP超过了12万元，嘉兴市、湖州市、芜湖市、金华市人均GDP位于九座城市的中等水平，人均 GDP 超过了 8 万元；而宣城市发展水平较低，人均 GDP 仅 5.8 万元，不足苏州市的 1/3，各个城市经济发展差距巨大。

为了更直观反映长三角 G60 区域内经济发展水平的空间差异，绘制长三角 G60 科创走廊九城人均生产总值分布图，如图 1－2 所示，深色区域代表人均 GDP 相对较高的地区，包含苏州市、上海市、杭州市、合肥市，以上均属于长三角 G60 科创走廊区域内经济发展水平较高的核心城市；嘉兴市、湖州市、芜湖市、金华市颜色稍浅；宣城市为浅色部分，表示其人均生产总值最低。

从上述分析看出，整个长三角 G60 科创走廊地区的经济形势无论从生产总值还是 GDP 增长率来看，都在整个长三角地区的经济发展中占据着举足轻重的地位，但是其内部各地区的发展水平存在一定的差距，因此对整个长三角 G60 科创走廊地区经济发展状况及如何拉动总体的经济增长、缩小地区之间的经济差距以实现共同富裕的研究有着重要的现实作用。

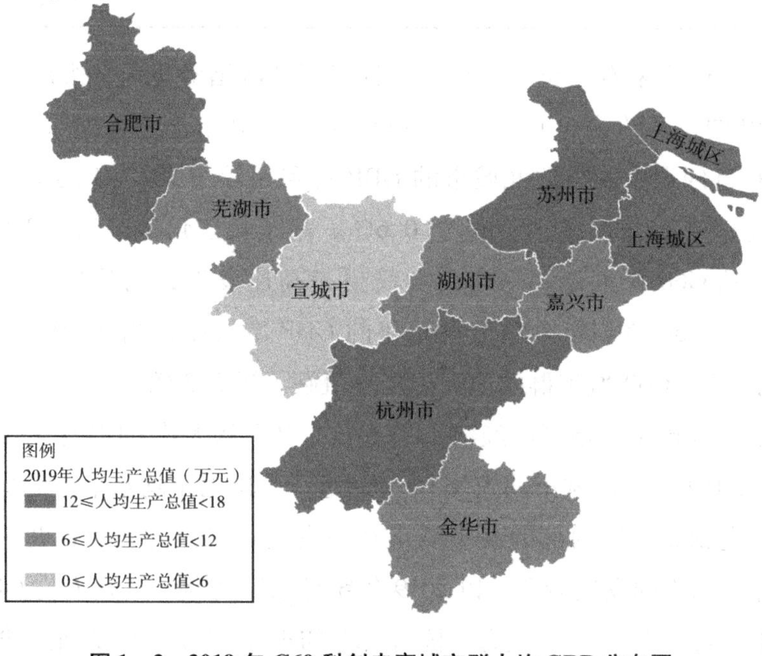

图 1－2　2019 年 G60 科创走廊城市群人均 GDP 分布图

三、国际视野比较中的长三角 G60 科创走廊

科技创新走廊是指相关城市通过集聚创新要素、改革制度供给而打造形成的科技创新要素高度集聚、高端人才资源汇集、新兴产业群集、能够对创新发展发挥支撑作用的重点发展区块，一般沿城市主干道呈“廊状”或“廊带”布局，因此被称为“科创走廊”。科创走廊呈现多样化特征，一部分是依靠其自然的地理环境形成的科创走廊，如硅谷、杭州城西大科创走廊。另一部分科创走廊则是依靠其依托的交通主干道形成，如美国128 公路走廊、英国 M4 科创走廊、日本筑波—东京—横滨创新带、长三角G60 科创走廊等。国际典型的科创走廊发展走出了自己的特色和经验，以下做一简要比较，为长三角 G60 科创走廊的发展提供国际借鉴。

（一）国际典型科创走廊建设发展情况

1. 美国加州 101 公路创新走廊（硅谷）

美国加州 101 公路创新走廊（硅谷），位于美国加利福尼亚北部的大都会区旧金山湾区南面。硅谷最早发展于 20 世纪 50 年代，源于斯坦福工业园区的建立，初期主要研究和生产硅基半导体芯片。在经历了“半导体—微型处理器—软件开发—信息技术—互联网”等信息产业演化过程后，在第三次技术革命中抢抓机遇，硅谷快速成为全球信息产业人才的集中地以及高新技术创新的发源地，至今仍引领着全球信息技术创新发展潮流。作为人类历史上最成功最典型的科技创新之都，硅谷在加州 1% 的土地上汇聚了 1/10 的人口，汇聚了 200 多万高科技人员，聚集了上万家高科技公司，获得诺贝尔奖的科学家就高达 30 多位。加州将近一半的企业并购发生在此，硅谷还吸引了 3/4 的风投和 4/5 的天使投资，是美国乃至全球知识、技术与资金的集散地。

事实上，硅谷并没有一个明确的地理范围定义，也不是一个统一的行

政区域，非营利性组织——硅谷联合投资（Joint Venture Silicon Valley）每年发布的“硅谷指数”（Silicon Valley Index）成为跟踪硅谷的前沿风向标。《2022硅谷指数》报告指出，硅谷地区依然是美国重要的经济引擎，失业率持续下降，风险投资的交易金额和数量均创新高。硅谷和旧金山公司的市值也在增长，到2021年年底达到近14万亿美元。作为世界科技产业的中心，硅谷的创新力量和企业家精神主要体现在两个方面：一是专利数。专利注册反映了新创意的产生、传播和商业化的能力，《2022硅谷指数》显示，2009～2020年，硅谷每年的专利注册数量都在增长，2020年达到了创纪录的水平（约21770件）。二是初创公司数量、风险投资额、收并购活动、IPO活动等。这些指标是评价一个地区创新创造活力、创新成果转化能力，以及培育有较强增长潜力公司的环境的重要指标，同时也反映了一个地区的发展前景。尽管受疫情影响，上述指标仍比较突出，如硅谷和旧金山的上市公司总市值依然达到14万亿美元，估值超10亿美元的独角兽企业达到230家。硅谷在发展过程中也存在一些问题，地区生活及住房成本持续上升，导致居民生活负担加重，硅谷的人口净流出也印证了这一点。

总的来说，硅谷仍是世界上创新力最强的地区之一，表现在大量的专利注册数；在世界范围内，硅谷的吸引力仍然较强，表现在大量的外国移民流入；硅谷仍是风险资本最青睐的地区之一，表现在每年持续流入的风投资金。但是，硅谷的贫富差距、高房价、高生活成本、居民健康、交通等社会问题变得越来越突出，在一定程度上会制约硅谷未来的发展。硅谷的创新成功之道值得持续学习，而发展中的问题也给长三角G60科创走廊建设更多的启示。

2. 美国波士顿128公路走廊

波士顿128公路走廊（以下简称128公路走廊）位于美国东北部马萨诸塞州波士顿市，是美国马萨诸塞州波士顿市一条长90公里的半环形公路，修建于1951年，距波士顿市区约16公里，核心节点宽为4～6公里，被称为“金色半圆形”或“美国的高技术公路”。128公路为锚钉型的代表，主要依托于麻省理工学院、哈佛大学等。在生命科学领域，《基因工程与生物技术》杂志评选的《美国十大生物制药集群》榜中，波士顿连续4次击败硅谷，位居榜首（2018年至今）。21世纪生命科学与物理、化学、工程学、计算机科学等学科跨学科协同发展的趋势、多领域的技术积淀，让128公路重塑创新体系，激活创新走廊，麻省理工学院（MIT）、创新体系、政策调整，成为128公路发展生命科学的三个关键词。波士顿在生命科学领域，形成了以MIT为核心→老城区→128公路→495州际公路“洋葱圈”式的创新结构。最具代表性的是被称为全球最具创新性1平方英里、全球医药产业的华尔街的肯德尔广场。全球Top20的生物医药公司中的18家在此设立办公机构，生物技术公司超过250家，其中80%为初创企业。肯德尔广场的成功与紧邻MIT的区位优势密不可分，更离不开打造创业孵化空间、串联重要创新节点、构建魅力生活环境的更新策略指导。

首先，128公路成为增长中心，政府的资金政策支持起到重要作用。波士顿所在的马萨诸塞州2008年通过《马萨诸塞州生命科学法案》，为相关企业提供10亿美元的资金支持；帮助5家从事生命科学相关领域研究的医院申请到美国国立卫生研究院（NIH）的资助；成立马萨诸塞州生命科学中心（MLSC，投资机构），扶持初创企业并吸引社会资本参与。其次是风险投资机构，波士顿是美国第一个成立风投公司（1946年，美国研发公司）的城市，风险投资领域一直较为活跃。128公路连接的是一群围绕着波士顿的郊区化小城镇，是单核结构。波士顿大都会区规划委员会（MAPC）、马萨诸塞湾交通管理局（MBTA）等政府机构，联手开发企业，将128公路沿线的睡城改造为宜居宜业的城市带，保持对企业、人才的持续吸引力。128公路的解决思路是小城镇的双核驱动发展，即以产业园区为核心的综合研发区，以TOD（即以公共交通为导向的城市发展模式）为中心的老城文化生活区。128公路是典型的大都市圈产业带，通过一个具有跨学科属性的产业门类，发展一批新企业，提升一批老企业的发展路径值得借鉴。

3. 英国M4科创走廊

以20世纪80年代贯通的M4高速为轴，由伦敦出发向西，串联斯劳、雷丁、斯温顿、布里斯托尔、加的夫、斯旺西等城市，是全长308.8公里的科技创新带。M4创新走廊以IT、生物制药以及软件设计等优势产业为主。目前，英国M4创新走廊一代科技研发活动非常活跃，占据了整个英国1/4的研发活动，拥有数字科技、网络技术、高端制造等各行业的科技型创业企业，催生出Transferwise、Shazam、Wonga等市值过百万美元的科技创业独角兽，已经成为全欧洲增长速度最快的创新区域之一。

伦敦是M4走廊的大脑，集中了英国1/3的高等院校和研发机构以及大量思想库和科研院所，学术研究机构占全国的40%。M4创新走廊中，伦敦作为全球金融中心之一，金融体系和风险投资十分活跃，新科技、新企业层出不穷，巩固了其作为欧洲领先科技中心的地位。与此同时，法律、管理咨询、财务咨询等服务业的快速发展，对创新生态的完善也起到了重要作用。英国专门成立政府机构来负责对科技创新的前瞻性研究，组织一大批高素质的研发队伍，提供庞大、稳定的经费来大力支持科技创新的前瞻性研究，进一步为拟订科技政策提供重要依据。2020年，英国研究与创新基金投入1.47亿英镑，推动制造业领域的数字化运用，并投入3300万英镑支持“智能化创新中心”建设。英国政府积极支持中小企业科技创新，设立“创新投资基金”，重点扶持中小企业获得创新支持和相关投资。

M4公路将沿途的城镇与大伦敦以及希思罗机场联通，便捷交通带来的产业迁徙与城市优势不断的集合发酵。同时，三大主题路段（海洋风情&活力城市段、田园风情&精致休闲段、历史风貌&都市关联段）独特的人文氛围和旅游魅力，对科技精英形成吸引力，由此诞生了M4三大科技产业聚集区，吸引不同的科技企业入住，成为英国最重要的科技创新带：M4沿线有2000多个电子产品、高端制造、信息通信、数据处理等科技公司入驻，包括甲骨文、思科、微软、华为、惠普、MCI等各大科技企业的总部。

英格兰硅谷是英国除伦敦之外的最大IT产业聚集区，每年对英国经济的贡献值超过1900亿英镑。M4沿线的城市GDP占据全英国40%的份额，集聚了全国约1/4的研发活动，被誉为“英国硅谷”。如今，M4以其独具特色的双循环结构，引领欧洲经济带“蓝色香蕉”（从英国经荷兰、比利时、德国蔓延至意大利北部的欧洲巨型制造业发展带）向科技创新领域加速航行。

4. 日本东京—横滨—筑波创新带

东京—横滨—筑波创新带是依托交通通道形成的创新走廊，整体嵌于东京都市圈内环，是新干线路线最为密集的区域。东京作为日本的创新高地与经济发展核心，向东北接连日本高科技新城——筑波科学城，以筑波为基点，连接东京并顺势向西南延伸至横滨自由贸易港。筑波—东京—横滨创新带全长约110公里，以东京为核心，带动横滨和筑波协同发展。东京—筑波区段长约70公里、宽约10公里，以常磐自动车道和筑波快线为发展主轴，具有集聚顶级科研创新资源的功能。东京—横滨区段长约40公里、宽约10公里，以东海道本线2为发展主轴，主要集聚高端制造业，具备临港工业功能。目前整个创新带中拥有150多所高等院校、近9000家科技创新企业、800多家研究机构。该创新带为日本本国缓解了大都市人口过于密集的压力，合理引导了产学研科技成果转换，为日本带来了源源不断的创新与发展动力。

在知识产出方面，主要是以筑波科学城为首的知识源头。筑波科学城内共有9个工业园区，吸引了300多家以研究开发为主的企业入驻，并且逐步形成了一个以研究开发功能为核心的高科技产业园区。同时组建筑波研究支援中心（TCL）、筑波研究学园都市交流协会、筑波自然科学学会等中介机构，构筑公司与机构之间的桥梁，以多种灵活形式促进公司机构间的合作。如今，筑波科学城已成为日本国际化的研发基地。除了31家国家级科研机构外，还有民间研究所在内，研究机构总数达到300家，代表了日本最尖端科学研发水平。其研究领域包括教育、建筑、物理科学、生物、农业、环境、安全等，并在多个领域取得了创造性突破，培养出了4位诺贝尔奖获得者；横滨是东京的门户，是日本的国际贸易中心之一，重工业曾经是横滨的主要产业，如今作为京滨工业带的核心城市，横滨逐渐转型为以汽车零部件和半导体设计两大产业为核心的高科技中心。总部位于横滨的企业包括日产汽车、横滨轮胎等。横滨地区入驻有最高端的制造业企业，包括索尼、松下、中国华为日本研究所以及美国苹果海外基地等。东京和横滨基本上已经融为一体，两地在产业结构方面互补性强，经济联系紧密，交通便捷，可以共用港口、国际机场、铁路等交通设施。“东京—横滨”集群凭借均衡的创新发展保持榜首位置。2022年最新发布的《全球创新指数报告》，“东京—横滨”集群在纷繁复杂的国际竞争中一直保持全球科技集群榜首的位置。从评价维度上看，其SCIE科学出版物和PCT国际专利申请量两项指标表现较为均衡，后一项指标甚至占到全球10.7%。但也有学者进行反思，葛诺等（2022）认为日本筑波科学城是政府主导建设的科学城的典型，但其后续发展远未达预期，新建科学城的规划应吸取筑波教训，尤其要注重创新生态体系的建设。应以制度保证大型科研设施利用效率最大化，处理好它与周边核心城市之间的关系。科学城的建设应坚持以人为本的理念，把完善城市功能和公共服务能力提到战略高度，增强科学城的吸引力。

日本从20世纪六七十年代起推动“筑波—东京—横滨”创新带的规划和建设工作，依托新干线高速交通，充分发掘了横滨的临港工业功能，保障了创新基础环境的完善。在创新发展上，形成了从东京的知识产出上游到横滨的成果实体下游的完整链条，保持开放共享的科创氛围。一方面通过举办国际性的学术交流活动，促进创新思维的产生；另一方面重视学术研究的发布，激活期刊论文里的成果。“因势利导”和“学术开放”，可以被视为该创新带成功的两个重要因素。

（二）长三角G60科创走廊与国际创新走廊的对比分析

为了更加直观地对比各大创新走廊之间的差异与相似之处，通过表

1－2 进行简单对比。可以看出，相较于国际上三大示范型的创新带，长三角 G60 科创走廊还存在较大的发展空间。

表 1－2　　长三角 G60 科创走廊城市群与国际创新走廊的对比

科创走廊	依托的交通路线	主要高等院校	主要科研机构	主导产业
旧金山硅谷走廊	硅谷到旧金山湾的 101 路高速沿线	斯坦福大学、加州大学伯克利分校、圣何塞州立大学	美国国防创新试验小组（DIUx）、25 所国家级或州级的实验室、谷歌等企业设立的研发机构	信息技术、电子制造、生物医药、航空航天、金融和旅游等
波士顿地区走廊	绕波士顿半环的 128 公路半封闭环形高速公路	麻省理工学院、哈佛大学、波士顿大学	五大科技园区，以生物技术为中心的肯德尔园区	信息技术、电子通信、宇航国防、生物工程、金融服务等
伦敦剑桥走廊	伦敦到布里斯特 M4 高速公路沿线一带	牛津大学、剑桥大学、伦敦大学、帝国学院	英国 1/3 的高等院校和研发机构，大量思想库和科研院所	信息技术、生物技术、数字经济等
东京—横滨—筑波创新带	东京到筑波的三乡国道、常磐自动车道和筑波快线	东京大学、筑波大学、早稻田大学、东京都市大学	产业技术综合研究所等 46 个国家级研究机构及教育院所，占全国的 40% 左右	航运物流、石油化工、电气机械、装备制造、钢铁等
长三角 G60 科创走廊	G60 国家高速公路，沪苏湖、商合杭高速铁路	复旦大学、上海交通大学、浙江大学、中国科技大学等	长三角科研院所联盟、中科院各类研究所、沪苏浙皖科学院等各类科研机构	集成电路、生物医药、民用航空、信息技术、互联网＋、新材料等

（三）国际典型科创走廊的建设经验及启示

1. 大学提供知识创新的源头是孕育催生科创功能区的重要基础

美国硅谷和波士顿 128 公路、英国 M4 科创走廊、日本筑波科学城等，都充分说明了这一点。在创新结构布局方面，国内外著名创新走廊均具有“名城＋名校”共同发展的创新土壤。斯坦福大学和加州大学伯克利分校两所大学作为硅谷地区的知识生产中心，持续不断地为该地区输送最新的研究成果，许多半导体和计算机科学等领域的技术发明都被硅谷的企业吸收、应用，并最终形成产品；伦敦可以说是英国M4走廊的大脑，它集中了英国1/3的高等院校和研发机构以及大量思想库和科研院所等。

2. 领军企业为科创走廊构筑的创新网络引领技术创新和创业

领军企业是创新核心网络层的创新主体，具有核心技术并主导行业的发展，通过溢出效应能够带动中小企业的发展，形成良性的创新创业生态系统。硅谷率先发展信息技术产业，推动软件、互联网服务发展，依靠科技创新引领全球产业发展，坐拥谷歌、脸书等数十家科技巨头和互联网新贵，形成了全球著名的创新型企业集群，引领硅谷创新走廊创新发展方向，推动创新生态产业演进及产业结构转型；M4科创走廊催生出甲骨文、Transferwise、Shazam、Wonga等市值过百万美元的科技创业独角兽，已经成为全欧洲增长速度最快的创新区域之一。东京—横滨—筑波创新带作为日本工业产业最为发达的地带，集聚了钢铁、有色冶金、电子、汽车等特色产业，形成了以京滨和京叶工业区为核心的两大产业带，工业产值占全国的40%、地区生产总值（GDP）占全国的26%。东京—横滨—筑波创新带集聚了日本电器（NEC）、佳能、三菱、丰田、索尼、东芝和富士通等世界著名大企业，是世界500强企业集聚程度最高的地区。

3. 区域创新发展离不开产学研的协同网络

企业、高校和科研院所不应当是三个独立的个体，否则，很难形成从基础研究到成果产业化的全过程创新产业链。推动科创走廊发展，如何将这种潜在科学技术知识的优势最大限度地转化为创造生产力的现实竞争优势是关键所在。在东京—横滨—筑波创新带中，东京大学是东京参与产学合作环节的典型代表。东京工业大学作为技术型大学代表，每年与业界进行知识交流，召开意见交流会、举办技术交流研讨会等。全日本37家专利技术转移组织有10家在东京，丰富的专利技术转移组织资源为大学实现知识资源成果的专利化提供了保障，筑波科学城利用企业创新孵化器促进创新孵化和科技成果转化。

4. 政府在构建良好创新创业环境中扮演着重要角色

各地都善于积极发挥政府“有形的手”的作用，通过颁布政策措施、完善交通设施、建立城市配套设施等手段，为区域创新发展提供完善的配套服务环境，为创新系统的形成提供政策制度保障。在政策支持方面，政府对波士顿的扶持造就了128号公路的两次起飞。政府将大量国防军事订单给到了公路附近的公司和麻省理工学院的实验室中，推动了第一波“新兴”科技产业发展。第二次是出台一系列对生命科学领域的扶持政策（包括税收、经费等），以及限制竞业限制协议应用范围的法案，打破企业的边界，促进了地区人才流动，使创新组织下沉至社区联盟，充分发挥了知识在经济中的作用；筑波科学城是典型的政府开发模式，它由日本内阁首相办公室下设的指挥部全权领导，政府通过立法、设立研发机构等多种形式推动园区发展，并给予园区企业房地产租赁、设备折旧、税收等多种优惠政策，有力地保障和促进了筑波科学城的发展；在交通建设方面，硅谷具有航空、公路、港口等复合型交通通道，坐拥旧金山国际机场、圣荷西机场、奥克兰机场（周边）三大机场枢纽，以及101公路、辅助洲际高速公路和旧金山港，交通极其便利；在城市配套方面，筑波科学城注重产城融合，配备商场、百货、餐饮、信息中心、酒店等设施和服务平台，产业发展与城市生活紧密融合；硅谷集中布局教育、医疗、文娱、体育等公共资源，拥有环境优美的国家公园、红杉树国家公园，城镇国际化程度高，人居环境达到国际水准。

5. 健全高效的创新服务体系对创新活动的持续进行起着支撑作用

在风险资本方面，波士顿作为金融服务中心已有300多年历史，富达投资公司、道富集团等全球知名金融服务集团总部皆位于波士顿。金融服务业的繁荣为该地区带来了大量的风险投资，造就了全美第二的风险投资规模，当地银行和政府也成立了专门的风险投资公司。政策资金和社会资本的参与为128号公路附近的企业提供了强有力的融资保障。在专业服务体系方面，硅谷的知识密集型行业服务包括人力资源服务机构、技术转移服务机构、金融资本服务机构、管理信息咨询服务机构、财务法务服务机构和其他服务机构。在硅谷，信息的快速流动离不开众多公共交流平台的支持，学术研讨会，科技社团的月会、年会，大型国际展会，各类信息依托硅谷庞大的人际网络关系快速传递，如 NGK 社区团队隆重举办的 NGK 线下全球路演第一站。

6. 完善的基础设施和开放包容的文化是推动创新发展的重要保障

就基础设施而言，波士顿地区拥有良好的公共交通系统，辐射到波士顿、剑桥、牛顿等核心城市，便利的交通和完备的基础设施吸引大量企业家和投资者涌入该地区。硅谷地区完善的创新基础设施主要包括科技基础设施和城市公共基础设施。大型科学工程、实验基地、大型科学仪器设备、自然科技资源等科技基础设施为开展创新活动提供了基础保障。公共基础设施，如能源供应系统、供水排水系统、交通运输系统、邮电通信系统等则为创新主体提供了基础生活条件。就创新创业文化而言，文化是区域发展的精神内核，它为企业、大学、科研机构等组织不断注入创新基因。硅谷拥有大量的海外移民，这些移民多数是受到硅谷开放的文化环境和高新技术产业的吸引，而移民的增加又进一步推动了硅谷多元文化的形成。开放的文化氛围，有利于创新思想的产生，是促进硅谷不断演变的内在源泉。

第二节　区域创新生态系统研究的时代内涵

一、创新范式与创新环境的新一轮演化

从 20 世纪开始，越来越多的人关注创新给企业、区域、国家等不同层面发展带来的活力。在新的技术、经济、社会背景下，创新范式也在向更复杂的系统演进。当今国际创新系统经过三个范式的演变，首先是传统的线性方式，从基础研究应用到开发，称为创新范式 1.0。创新范式 2.0 是从 20 世纪 80 年代开始提到的国家创新体系，特别是产学研的协同。创新范式 3.0，更多强调的是创新生态系统，把产学研用共生作为一个重要的系

统创新去推进。该研究范式表现为由关注系统中要素的构成转向关注要素之间、系统与环境之间的动态过程。

21世纪初，随着移动网络技术的发展和创新要素的大范围自由流动，在知识创新、技术突破与社会形态跃迁深度融合的情景下，创新生态系统引起广泛关注。创新生态系统理论从自然生态系统的视角来认识和解析创新，把创新看作一个由创新主体、创新政策、创新机制与创新文化等要素构成的动态开放系统。从方法论的源头端考察，创新生态系统借鉴了自然生态学的观察与表达方式，以动态系统多要素复合演化的认识论立场，研究生态系统内部的多主体关联、多要素流动、多系统共生演化和生态环境养成情况。

二、创新驱动国策与区域创新生态系统

在进入“十二五”规划阶段，我国整体的社会发展以很陡的坡度进入“新常态”的重要转型，面对来自环境、健康、就业、价值观等方面的一系列挑战与压力，决策层快速推出了创新驱动发展新国策。这一时代背景，正与进一步发展多元主体，完善共生环境建设的创新内在诉求相一致，更为寻找契合当下的区域创新范式奠定了基础。在传统创新体系的评价环节，过于强调对创新知识的获取、创新技术的提升和对经济增长的贡献度取向，却相对忽视了创新环境的适宜性、新进入创新者的生长性、中小参与者创新路径的通达性、创新体系的可持续性的考量。发展区域创新生态系统，正是为了最大限度地避免人为因素对政策框架的负面影响，重新规划区域可持续创新能力和环境发展的政策通路。

实践层面，创新驱动战略作为中国目前国家创新的最大现实诉求和趋势，在实践政策的过程中，需要一种契合现实情境的指导思想进行宏观布局和具体安排。创新驱动发展战略与构建区域创新生态系统具有内在的契合性，在战略中嵌入区域创新生态系统的思维模式和实践方式，符合国家

创新驱动发展方向和最终目标的设定。这为以下研究中使用区域创新生态系统作为理论工具，探索长三角 G60 科创走廊的建设发展提供了必要前提和正当性。王庆金等（2021）认为当前我国区域一体化格局尚处于探索阶段，区域一体化创新生态系统初步构建完成，然而各个子系统之间统筹衔接不够，各自为阵，甚至相互分割掣肘，导致国家战略资源相互转化运用和创新受阻，难以充分整合创新，极大地影响了区域整体战略能力生成，因而深入探索区域一体化创新生态系统的演化规律及治理机制具有重要的理论意义和实践价值。

政府自上而下的顶层设计和自下而上的公众参与相结合，是实现创新生态系统治理的有效途径。在区域创新生态构建过程中，政府要成为一个重要的主体力量，诸多制度性的平台和桥梁需要政府来发挥作用，真正构建一个产学研用融合的生态。第一，需要政府与时俱进的敏捷治理。新兴技术的发展和应用过程中，企业、市场总是走在前面，这个时候政府如果按照传统的治理模式，那么永远是落后的。政府要改变思路，要采用敏捷治理的方式，及时跟进，出现问题及时回应，引导创新领域的健康发展。第二，需要内外兼修的全球治理。积极参与全球规则制定，为企业发展营造更好的国际环境。同时要改善内部的营商环境，鼓励更多的跨国公司到中国来，继续更好地发展。通过内外兼修的全球治理，营造更好的创新生态，鼓励中国创新的发展。

三、长三角 G60 科创走廊创新生态系统研究的现实意义

区域一体化已经成为推动我国技术创新、产业升级、经济增长、新动能培育以及发展潜力释放的重要力量。《长江三角洲区域一体化发展规划纲要》指出要持续有序推进长三角 G60 科创走廊建设，打造科技和制度创新双轮驱动、产业和城市一体化发展的先行先试走廊。科技部、国家发展改革委、工业和信息化部等六部委联合印发的《长三角 G60 科创走廊建设

方案》，对长三角 G60 科创走廊的战略定位是：一是中国制造迈向中国创造的先进走廊；二是科技和制度创新双轮驱动的先试走廊；三是产城融合发展的先行走廊。《长三角 G60 科创走廊建设方案》同时指出，长三角 G60 科创走廊建设要强化区域联动发展，共同打造世界级产业集群；加强区域协同创新，共同打造科技创新策源地；聚焦产业和城市一体化发展，共同打造产城融合宜居典范；着眼深化改革和优化服务，共同打造一流营商环境。结合前面的分析，可以看出，国家层面的长三角 G60 科创走廊建设与发展和区域创新生态系统建设具有内在的契合性，高质量推进长三角 G60 科创走廊创新生态系统建设并就加强长三角 G60 科创走廊创新生态系统及治理机制展开相关理论和对策研究富有战略性。长三角 G60 科创走廊是长三角经济密度最高的地区，同时也是最富活力和希望的城市群，其定位是打造长三角贯彻落实新发展理念引领示范区重要引擎，贯彻新发展理念推动区域协同发展的实践样本，将完成长三角一体化重大任务的先行先试。长三角 G60 科创走廊将在深化产业集群布局、加强基础设施互联互通、推进协同创新、推动品牌园区深度合作和产融结合、推广科创走廊“零距离”综合审批制度改革成果等方面发力，建成长三角地区具有独特品牌优势的协同融合发展平台，成为长三角更高质量一体化的“引擎”，成为区域内“中国制造”迈向“中国创造”的主阵地。通过长三角 G60 科创走廊创新生态系统的试验区和政府生态化治理创新政策的改革实践，从生态系统角度去设计创新驱动发展相匹配的制度，为长三角一体化高质量发展先行先试，引领示范，形成政府管理的“创新生态”，并就加快政府创新管理能力迁移积累经验和可推广的政策措施具有重要的现实意义。

第二章

长三角一体化背景下三省一市产业规划实施情况分析

2019 年 12 月 1 日，中共中央、国务院正式印发《长江三角洲区域一体化发展规划纲要》。实施长三角一体化发展战略，是引领全国高质量发展、完善我国改革开放空间布局、打造我国发展强劲活跃增长极的重大战略举措。本章基于政策规划的比较视角，简要分析沪、苏、浙、皖三省一市针对国家长三角一体化发展规划纲要所提出的区域性产业政策规划与实施情况，并基于资源禀赋及地理文化背景，比较三省一市政策规划与实施的异同，分析长三角区域一体化进程中面临的主要问题，以期为促进长三角一体化高质量发展献计献策。

第一节　长三角区域一体化发展的时代与地域特征

一、长三角区域一体化发展的时代特征

实施长三角一体化发展国家战略，是党中央着眼新时代改革开放和现代化建设大局作出的重大部署。推进长三角更高质量的一体化发展，其战略意义和目标价值主要表现在六个方面（陈建军，2019）：一是着力落实

"创新、协调、绿色、开放、共享"的新发展理念；二是打破地域行政壁垒，推进区域合作，探索国家治理模式转型的新路径；三是紧紧围绕使市场在资源配置中起决定性作用深化经济体制改革，推进更高起点的深化改革和更高层次的对外开放；四是构建现代化经济体系，搭建具有全球竞争力的世界级产业集聚平台；五是完善中国改革开放空间布局，同"一带一路"建设、京津冀协同发展、长江经济带发展、粤港澳大湾区建设相互配合；六是探索大中小城市协调发展的城市化道路，打造具有全球竞争力的世界级大都市群。

《长江三角洲区域一体化发展规划纲要》（以下简称《规划纲要》）指出，长三角沪、苏、浙、皖三省一市全域实施一体化发展，规划范围包括上海市、江苏省、浙江省、安徽省全域（面积 35.8 万平方公里）。其中，上海市全域，江苏省南京、无锡、常州、苏州、南通、扬州、镇江、盐城、泰州 9 个城市，浙江省杭州、宁波、温州、湖州、嘉兴、绍兴、金华、舟山、台州 9 个城市，以及安徽省合肥、芜湖、马鞍山、铜陵、安庆、滁州、池州、宣城 8 个城市，共计 27 个城市作为长江三角洲一体化的中心区（面积 22.5 万平方公里），辐射带动长三角地区高质量发展。推进沪、苏、浙、皖三省一市的一体化进程，有助于长江三角洲地区的均衡发展，更有助于树立典范，带动长三角周围地区经济文化社会的一体化高质量发展。根据《规划纲要》，长三角一体化发展到 2025 年要取得实质性成效，科创产业、基础设施、生态环境、公共服务等领域要基本实现一体化发展，客观上也要求长三角各省市根据所处地区的资源禀赋及具体的经济社会发展背景做出及时的积极响应，做好政策规划和顶层设计，促进区域间协同与协调发展。

二、长三角地区共同的地域水乡文化与经济背景

长三角三省一市地域相近，人缘相亲、文化相通，形成了独具魅力的江南文化，将成为引领长三角高质量一体化发展的重要动力。长三角地区

最初只是个自然地理概念，指的是长江入海口形似三角形的区域，后来随着经济社会发展的推进，逐步将长江三角洲拓展扩容，目前主要包括上海、江苏、浙江、安徽等三省一市。从地理区位来看，长三角地区拥有通江达海、承东启西、联南接北的区位优势，是我国东部沿海改革开放的重要地区。沪、苏、浙、皖三省一市的长江三角洲地区，从文化与经济发展的背景上看，基本上都涉及自古代以来的江南水乡文化。狭义上的江南地区一般指代上海、江苏南部、浙江北部、安徽南部等位于长江以南的地区。而广义上的江南则通常涵盖上海、江苏、浙江、安徽、江西五省一市中地处长江以南的地区，主要的城市如上海、南京、苏州、扬州、无锡、杭州、绍兴等。水乡文化，自然表明其经济文化的发展与江河流域的开通利用发展是密不可分的。隋唐时期大运河的开通，将长江、淮河、黄河、海河、钱塘江等五大自然水系连通起来，其中最突出的影响即地处现今江苏省的扬州市开始成为南北运输的中心。1127 年，宋朝遭遇靖康之难，宋皇室于次年南迁并定都临安府，即现今浙江省杭州。杭州逐步发展成为中国境内一大货运集散中心。“上有天堂，下有苏杭”，这一出自南宋及第进士范成大的作品《吴郡志》的谚语，长期流传，正是民众对江南水乡经济文化发展的典型代表城市苏州与杭州的肯定。

长江三角洲地区位于长江下游地区，濒临黄海和东海。除了江河湖泊，长三角中江浙沪地区更是涉及沿海地区。一般而言，从古至今，水路交通的便利，意味着对外贸易经济的发达。无论是一国境内不同地区之间的，还是不同国家之间的贸易往来，都少不了水路运输的发展。长江三角洲正是其优越的地理位置孕育出了独具特色的水乡文化，同时也为该地区带来了生态方面的优势，在强调发展绿色产业的今天，长三角在这一自然优势上也更有竞争力。赖红波等（2020）认为，长三角三省一市最大交集的江南文化，在中国传统文化中的地位比较稳定，没有大起大落，这与其地理环境和自然条件等有很大关系，包括江南人特有的勤劳刻苦、深耕细作，崇文尚贤、重视教育，以及重视实践、发展商品经济等以及务实性格和创业的传统等。在未来长三角地区更高质量一体化发展中，无论是企业文化，还是制度创新等，都能从江南文化传统中汲取营养，找到前进的方向。国内学者陈柳、刘志彪等认为，只有区域优秀文化的融合才能够促进经济一体化，如长三角地区创业文化融合促进了这一区域经济一体。当前，长三角地区一体化的理念还只停留在规划上，现实中的推进、落实困难不少。同时，江南文化引领长三角高质量一体化不仅是单一区域或单一部门，而是需要跨域跨部门联动，从地理邻近、制度邻近到文化邻近，充分利用三省一市的科技资源、人才优势和教育成果，加快把长三角建设成为科技创新的主导示范区、经济发展的新引擎。

尽管存在较为相似的区域性经济与水乡文化背景，长三角地区三省一市的产业发展仍存在较大的差异性。《长江三角洲区域一体化发展规划纲要》明确了“一极三区一高地”的战略定位，对三省一市的定位做出了指示。其中，上海市在长三角一体化中主要发挥龙头带动作用，推动长三角高质量发展、参与国际竞争；江苏省以沿沪宁产业创新带等为抓手，以科技产业创新中心、先进制造业基地为发展目标；浙江省以大湾区大花园、大通道、大都市区等建设为抓手，以全国数字经济创新高地为发展目标；安徽省以皖江城市带等为抓手，以打造科技创新政策源地、新兴产业聚集地和绿色发展样板区为发展目标。

第二节　三省一市区位特征与产业规划实施情况

一、上海市区位特征优势与一体化产业规划现状

长三角属于一主多副结构。《长江三角洲区域一体化发展规划纲要》对长三角区域发展格局提出“发挥上海龙头带动作用，苏浙皖各扬所长，加强跨区域协调互动”。也就是说，长三角地区以上海为核心城市，其他三

省的南京、杭州、合肥等省会城市则属于副中心，此外还有苏州、无锡、宁波等多个经济强市。整体上形成“一带多”的局面。

上海既是长三角地区的核心城市，也是中国的国际经济、金融、贸易、航运、科技创新中心，在一体化发展进程中，苏、浙、皖实现高质量发展离不开上海的辐射带动。2020年1月10日，上海市贯彻《长江三角洲区域一体化发展规划纲要》实施方案正式公布。方案指出，上海要主动承担国家使命，强化在国家发展格局中的战略支点地位，充分发挥改革开放前沿和集聚辐射优势，引领长三角更高质量一体化发展。其基本原则是坚持服从服务国家战略，坚持发挥龙头带动作用，坚持项目化清单化推进，坚持多方联动形成合力。发展目标是到2025年，上海“五个中心”核心功能和服务辐射能级显著增强，跨区域多领域深化合作达到较高水平，长三角一体化发展的体制机制全面建立，上海龙头带动作用更好发挥，努力形成长三角共性与个性相得益彰、合作与竞争相互促进、集聚与辐射相辅相成的高质量一体化发展格局。到2035年，上海城市核心功能更加凸显，现代化经济体系率先建成，城乡实现高质量融合发展，公共服务水平趋于均衡，生态环境质量显著改善，基本建成具有世界影响力的社会主义现代化国际大都市、具有国际竞争力的世界级城市群的核心城市，基本建成令人向往的创新之城、人文之城、生态之城，引领长三角成为全国最具影响力和带动力的强劲活跃增长极。

上海市实施方案特别指出，要持续推进长三角G60科创走廊建设。坚持市场化、法治化导向和科技创新、制度创新双轮驱动，积极开展产业园区合作共建，加快建设全要素科技成果对接转化平台和产业协同创新中心，共同打造长三角高端制造业主阵地。通过实体化运营上海证券交易所资本市场服务G60基地、建立特色产业基金等方式，不断提高金融服务实体经济特别是科创型企业的成效。深化长三角G60科创走廊政务服务“一网通办”试点，在推动长三角政务服务一体化中发挥先行先试的区域作用。作为高度发达的中国现代化都市，上海市的一项核心任务在于辐射带动周围城市的发展建设，特别是率先实现上海大都市圈内城市间的强有效合作。

上海大都市圈包括上海、宁波、嘉兴、湖州、舟山、苏州、无锡、常州、南通等江浙沪地区的9个城市。目前上海大都市圈内存在区域发展阶段水平和潜力明显不平衡的现象，可以通过城市间的资源互换等互惠互利举措争取相对平衡的发展水平。在金融投资业方面，上海都市圈也在进一步探求合适的方式，例如，通过设立投资开发基金应用于加强跨区域的各类交通运输等基础设施建设。上海作为高度发达的国际大都市，其生活成本与企业经营成本较其周围其他城市要高许多，这就导致不少企业在考虑进驻上海时望而却步。但正是由于企业近年来更多选择在除上海以外的长三角都市区注册经营，使得长三角大都市区中城市之间的往来联系更加紧密，同时并不影响上海的核心城市地位。这一现象正说明上海市作为核心城市对周边经济圈的辐射带动作用显现出了正面影响。

上海市特殊的区位优势使得其在各产业发展，特别是第三产业的发展上比江苏省各地区优势明显。为促进长三角一体化发展，上海与江苏各区域城市也在不断加强合作。例如，上海与苏州地域相近、文化背景相似，而且各自的经济实力都较为雄厚，两地之间通过大都市圈的发展政策，取得不少令人惊叹的产业一体化建设成果。目前，上海、南京、杭州、苏州等国家一线与新一线城市的“一日生活圈”“一小时通勤圈”范围实现大幅扩大。毗邻上海的江苏昆山，也积极通过交通运输建设融入长三角一体化建设进程。在推进长三角一体化发展进程中，上海市也表现出对绿色产业发展的高度重视，积极参与长三角生态绿色一体化发展建设活动等。在交通设施、创新发展机制、生态建设、公共服务等方面，上海市都与都市圈内以及长三角城市争取加强合作以推进现代化产业体系示范区的构建。

二、江苏省长三角一体化规划实施方案与主要举措

（一）江苏实施方案与“南京都市圈发展规划”的发布实施

2020年4月1日，在《长江三角洲区域一体化发展规划纲要》印发四

个多月之后，江苏省正式对外发布《〈长江三角洲区域一体化发展规划纲要〉江苏实施方案》（以下简称《江苏实施方案》）。《江苏实施方案》指出，江苏是长三角一体化发展的坚定参与者、推动者和实践者。要以《长江三角洲区域一体化发展规划纲要》为行动指南，通过深入推进区域一体化实现高质量发展，通过高质量发展促进更深层次一体化，抓住国家重大战略叠加机遇，发挥制造业发达、科教资源丰富、开放程度高等优势，突出对标对表，重在深化转化，狠抓落地落实，在服务一体化中担当重大使命，在融入一体化中拓展发展空间，在推动一体化中实现高质量发展，更好引领长江经济带发展，更好服务国家发展大局。其确立的发展目标是到2025年，区域一体化发展取得实质性进展，产业创新、基础设施、生态环保、市场开放、公共服务等领域基本实现一体化发展，跨界区域、城市乡村等区域板块一体化发展达到较高水平，全面建立一体化发展体制机制，打造具有全球影响力的科技产业创新中心和具有国际竞争力的先进制造业基地，在长三角更高质量一体化发展新征程中走在前列。到2035年，区域一体化发展达到较高水平，现代化经济体系基本建成，成为最具影响力和带动力的强劲活跃增长极。城乡区域深度融合发展格局基本形成，公共服务水平优质化并趋于均衡，综合交通基础设施全面达到世界先进水平，一体化发展体制机制更加完善，走在全国更高质量一体化发展前列。《江苏实施方案》特别提出，要主动服务、积极支持上海发挥龙头作用，充分集成江苏优势，加强与浙皖战略协同，深化“1+3”重点功能区建设，在长三角一体化框架下加速全省域一体化发展。

《江苏实施方案》从产业体系、基础设施、生态环境、公共服务、扩大对外开放、创新一体化发展体制机制的建立以及长三角生态绿色一体化发展示范区建设等七大方面阐述了江苏省对于各地区协同实现“长三角一体化”目标所做出的总体实施方针，基本对应中共中央、国务院发布的《长江三角洲区域一体化发展规划纲要》的指导原则。针对江苏实施方案，包括省会城市南京在内的江苏省各地市委、市政府也相继提出适宜各个地区的发展政策与规划。特别是在基础设施与公共服务方面，各地更是切实进一步加深异地间的合作。

中共中央、国务院发布的《长江三角洲区域一体化发展规划纲要》强调长三角地区“都市圈一体化发展”，重点指出南京、杭州、合肥、苏锡常、宁波等五大都市圈的建设意义，同时强调要进一步推动上海与近沪区域和苏锡常都市圈的联动发展，构建上海大都市圈。为积极施行“长三角一体化”政策，江苏省人民政府与安徽省人民政府于2021年3月，率先联合印发了《南京都市圈发展规划》，共同建设南京都市圈。实际上，早在《长江三角洲区域一体化发展规划纲要》正式对外发布之前，2019年1月，为落实《中共中央　国务院关于建立更加有效的区域协调发展新机制的意见》（中发〔2018〕43号）精神、实施《长三角地区一体化发展三年行动计划》（2018～2020年），南京市人民政府已经就南京都市圈一体化的发展计划，对外印发《南京都市圈一体化高质量发展行动计划》（以下简称《计划》）。《计划》明确指出，南京都市圈旨在打造“轨道上的都市圈”，强调圈内各地在港口运输以及公共交通等基础设施方面加强合作，以构建都市圈内的“一日生活圈”“一小时通勤圈”。在生态保护建设和生态修复工程与促进经济转型升级方面，提出江苏省与安徽省地区之间的合作共赢，争取创建中国（江苏）自由贸易试验区（宁镇扬片区）与中国（安徽）自由贸易试验区（芜湖、马鞍山片区）。

正式公布的《南京都市圈发展规划》的总体原则基本上与之前的《计划》没有太大的出入。但此次公布的南京都市圈，明确表明这一都市圈的建设涵盖的范围包括：江苏省的南京、镇江、淮海、扬州4个城市，安徽省的马鞍山、滁州、芜湖、宣城4市，以及江苏常州市的溧阳市、金坛区2个市区，其中芜湖与宣城同时是长三角G60科创走廊中包含的沿线城市。《南京都市圈发展规划》于2021年2月成为长三角首个、也是国内首个由国家发改委正式复函同意的都市圈发展规划。《长江三角洲区域一体化发展规划纲要》提出要“推动都市圈同城化。以基础设施一体化和公共服务一卡通为着力点，加快南京、杭州、合肥、苏锡常、宁波都市圈建设，提升都市圈同城化水平”，可以预见，在南京国内首个跨省都市圈发展规划之后，长三角地区还将相继出现杭州、合肥等都市圈的建设规划。都市圈建设以点带面，由领头城市发挥模范效应，其他城市积极响应合作，从民生到经济层面，都将进一步促进地区间的融合和均衡发展。

（二）规划导向下江苏长三角一体化发展进程中的产业现状

江苏省共辖13个设区市，除省会南京以外，自南向北包括苏州市、无锡市、常州市、南通市、镇江市、泰州市、扬州市、盐城市、淮安市、宿迁市、徐州市以及连云港市。就经济发展水平而言，苏南地区，包含江苏省南部的五个城市——南京、苏州、无锡、常州、镇江，总体上比苏北等其他江苏辖区市相对发达，促进区域“一体化”协调发展任务艰巨。本着共同实现区域一体化的精神与原则，需要选择与之相适应的产业体系。城市化水平较高的城市需要积极带动周边城市进行深入的现代化基础设施建设，而生态水平优秀的地区，则需要珍惜当地的生态环境资源，保护当地生态的同时，也与周边城市保持良好的生态合作关系。产业政策的制定，应能够有效提升当地企业竞争力，从而激发企业的创新活力。

作为江苏省会城市的南京，其经济与文化发展水平在江苏13个城市之中位处前列。在《南京都市圈发展规划》中，南京政府针对“长三角一体化”政策，产业体系建设方面明确指出要在制造业、服务业、农业等各大产业都促进都市圈内城市间产业的分工协作，从而共建现代化产业体系；苏州作为江苏省另一大经济强市，其第二产业已经超过上海成为全国最大的工业城市，成为世界级的工业城市，并打造了世界级的先进制造业的产业集群。尽管苏州已然是制造业大市，但总体而言，苏州还算不上制造业强市，因此需要进一步的产业升级发展。作为苏州的邻近城市，同处于苏南地区的无锡与苏州在文化背景上较为相近，两个城市应在一体化进程中加强合作、融合发展，充分发挥产业、人口和城镇密集的独特优势，高质量打造一体化协同发展标杆区。对于创新经济规划，《江苏实施方案》提出重点支持中新苏州工业园区创新发展，加快建设中韩（盐城）产业园、中德（太仓）合作创新园、中以（常州）创新园，从而全面提升江苏省经济技术开发区、高新技术产业开发区等的开放合作水平。为融入长三角一体化发展，作为江苏中部城市的泰州也出台了《关于进一步鼓励企事业单位聚才用才推进科技创新引领高质量发展的若干政策》，争取全力打造科技创新区域发展的新高地。各地创新产业园的协同建设有助于江苏地区加快实现区域经济升级与转型。

江苏省沿河地区，以江苏大运河文化最为显著。大运河文化带由北向南贯穿整个长江三角洲地区，大运河文化带协同治理，对推动长三角一体化进程具有重要的战略意义。特别是苏州地区，商贸往来过程中对于运河的水路运输至今仍较为依赖。但对于水域延边经济的发展也出现了环境污染危机。近30年来江苏省沿江地区污染密集型典型行业化工产业不断扩散，呈现出向长江以北、沿海、远离太湖地区与乡村、行政边界等公众监督更少地区扩散的现象。因此，在一体化《江苏实施方案》的指导原则下，各地发展产业一体化的同时，必须强调并持续实施绿色发展政策。总体来看，目前江苏省区域一体化的主要进展表现为都市圈相对稳步发展，各地区间广泛开展共建园区活动，自贸区的建设与产业升级延伸拓展了开发格局，协同治理机制得到完善，公共服务标准体系逐步建立，城乡一体化成果向好。江苏各地产业正在逐步通过各方面建设加强协作以促进区域性经济均衡发展。

三、浙江省地域特征与一体化产业规划现状

2019年6月14日，中共浙江省委、省人民政府印发《浙江省推进长

江三角洲区域一体化发展行动方案》（以下简称《浙江行动方案》）。《浙江行动方案》强调，要统筹推进“五位一体”总体布局和协调推进“四个全面”战略布局，贯彻落实新发展理念，按照高质量发展要求，以“八八战略”再深化、改革开放再出发为主题，坚持发挥浙江特色优势，坚持全省域全方位推进，坚持将浙江重大决策部署融入长三角一体化发展国家战略，着力创新一体化发展体制机制，推进更高起点的深化改革和更高层次的对外开放，努力在实施长三角一体化发展国家战略中彰显浙江担当、展现浙江作为，共同推动长三角区域建设成为全国发展强劲活跃增长极。《浙江行动方案》基本原则是坚持全域融入。牢固树立“一体化”意识和“一盘棋”思想，主动服务国家战略，推动全省域全方位融入长三角一体化发展格局，鼓励各地探索各有特色的一体化发展模式与路径；坚持战略协同。充分发挥绿水青山、数字经济、海洋经济、民营经济等特色优势，把大湾区大花园大通道大都市区建设等重大决策部署融入长三角一体化发展国家战略，强化统筹推进、同步实施，共同推动长三角更高质量一体化发展；坚持重点突破。突出抓好长三角一体化发展的重点领域、重点区域、重大项目、重大改革，加强联合攻坚突破，积极破解瓶颈障碍，聚焦聚力打造一批体现浙江特色、具有国际水平的重点板块和标志性工程；坚持合力推进。以政府有为助推市场有效，充分调动各方面积极性，发挥多主体作用，强化区域分工合作和优势集成，不断增强区域发展活力，共同提升长三角区域国际竞争力。

《浙江行动方案》的愿景目标是持续、协同、高水平推进长三角一体化发展，共同推动长三角区域建设成为全国发展强劲活跃增长极、全国高质量发展样板区、率先基本实现现代化引领区、区域一体化发展示范区、新时代改革开放新高地。到2025年，全省域全方位融入长三角一体化发展格局基本形成，科创产业、城乡区域、基础设施、生态环境、公共服务等领域基本实现一体化发展，区域一体化发展体制机制较为完善。到2035年，浙江省现代化经济体系基本建成，基础设施实现更高水平互联互通，公共服务实现优质均衡，城乡区域差距基本消除。长三角跨区域共建共享机制全面建立，统一开放的市场体系更趋完善，高质量一体化发展格局全面形成。《浙江行动方案》提出要高能级建设大都市区，共同打造长三角城市群金南翼。主动融入上海大都市圈，推动杭州、宁波、温州、金义四大都市区联动发展，加快建设创新、开放、便捷、宜居、花园、智慧、人文之城，着力打造长三角世界级城市群金南翼。

浙江省在长三角三个省市中经济实力相对而言较为稳健均衡，特别是省会城市杭州近年来逐渐成为新一线城市中发展活力较为活跃的一个，各设区市在融入长三角一体化发展进程中也都表现出极富朝气的姿态。2019年8月，杭州市委市政府正式对外印发《杭州市落实长三角区域一体化发展国家战略行动计划》，该行动计划指明杭州将建设成为创新活力之城，并进一步全力打造成为中国数字经济第一城，同时提及建设“杭州都市圈”。当前，针对杭州都市圈的具体建设规划的政策文件还未正式出台，但参考国务院《长三角一体化发展规划纲要》的总体指导原则以及率先出台的南京都市圈的发展规划，杭州都市圈也必定将进一步加强区域间的实际合作，特别是带动邻近浙江行政区划的安徽城市群的发展。浙江也将积极借鉴上海自贸区的经验，建设浙江省内的自贸区，特别是联动发展杭州与周边自贸区。

对省会以外的其他城市而言，宁波为浙江省的一大沿海城市，其优越的自然地理位置，使得宁波在与其他城市相对同等的竞争环境下获得了竞争优势，宁波—舟山港与宁波湾的发展都使宁波在对外贸易行业有得天独厚的表现。宁波属于国家计划单列市，具有较大的经济与财政管理权限的同时拥有良好的社会资本。因此，宁波全力发挥其自然优势也就意味着其对外贸易产业的高度发展，宁波在浙江省推进“一体化”建设过程中发挥了不可替代的作用。绍兴市从20世纪80年代前后至今的40年间，其产业发展状态也逐阶段实现了由低技术水平与低附加值特征走向高技术水平与高附加值特征的结构转化，在长三角一体化进程中，绍兴更将抓住区域产业协同发展的机会构筑并完善现代化协同产业体系、不断优化产业结构、发展优势产业；嘉兴则在制造业集聚上还存在较大发展潜力，其集聚的深度和广度上仍可以进一步提升，而这竞争弱势的问题主要在于嘉兴市对专业科研人员的聚集水平、吸引力较低，使得其研发智能专业化程度较低。对于这样类似的城市，更加应抓住融入长三角一体化建设的机遇，争取实现地区产业协作与优化。

浙江省具有相对较好的自然生态环境，在促进生态型节点城市方面积极参与长三角一体化发展。湖州市作为生态型节点城市，已将融入长三角一体化作为城市全面发展战略之首，秉承“绿水青山就是金山银山”理念，坚定生态优先的发展战略，通过“生态经济化”和“经济生态化”的路径，积极参与长三角一体化发展建设。总体来看，浙江省与江苏省的经济发展水平较为相当，但是产业结构相异。浙江省轻工业较为发达，民营经济活跃，而江苏省重工业较发达，国有经济比重较大，但重工业的发达也导致江苏省的生态环境较浙江省全域而言要弱一些。实现长三角绿色一体化发展，要求各地区取长补短，共同构建产业经济区域一体化的有效合作机制。

四、安徽省区位特征与一体化产业规划现状

2020 年 1 月 16 日，《安徽省实施长江三角洲区域一体化发展规划纲要行动计划》（以下简称《安徽行动计划》）正式发布，《安徽行动计划》提出要在上海龙头带动下，联手苏浙，扬皖所长，主动作为。安徽土地面积、常住人口分别占长三角的 39. 1%、28. 1%，创新活跃强劲，制造特色鲜明，生态资源良好，内陆腹地广阔。全域纳入长三角一体化发展国家战略，提升了安徽在全国发展格局中的地位，为更好发挥比较优势、增添发展动能、实现整体跃升带来了历史性机遇。《安徽行动计划》强调，未来一个时期，要牢牢把握长三角一体化发展上升为国家战略的重大机遇，在上海龙头带

动下，联手苏浙，扬皖所长，主动作为，彰显安徽担当，发挥安徽作用，作出安徽贡献。《安徽行动计划》指出，坚持新发展理念，坚持推动高质量发展，坚持以供给侧结构性改革为主线，紧扣“一体化”和“高质量”两个关键，按照创新共建、协调共进、绿色共保、开放共赢、民生共享基本原则，坚持上海龙头带动，联手苏浙，扬皖所长，打造具有重要影响力的科技创新策源地、新兴产业聚集地、绿色发展样板区，推动制造业高质量发展，推进城乡深度融合，建设长三角联通中西部的重要开放枢纽，为打造“一极三区一高地”作出安徽贡献，奋力开创现代化五大发展美好安徽建设新局面。其发展目标是到2025年，主要经济指标增幅保持前列，人均水平相对差距进一步缩小，中心区现代化水平明显提高，全省域与沪苏浙一体化发展水平明显提升，城乡区域、科创产业、基础设施、生态环境、公共服务、体制机制等领域一体化取得实质性进展。到2035年，与沪苏浙一体化发展机制高效运转，创新创业创造活力充分释放，城乡区域差距进一步缩小，基础设施互联互通全面实现，基本公共服务水平趋于均衡，生态环境根本好转，人民基本生活保障水平与长三角平均水平大体相当，现代化经济体系基本形成，高质量一体化发展格局基本构成，现代化五大发展美好安徽基本建成。

在长三角地区的三省一市中，安徽省的竞争力总体而言比江浙沪相对要弱一些，目前仍处在工业化、城镇化加速推进过程中，全域纳入长三角一体化，提升了安徽在全国发展格局中的地位。多年来，江浙沪对安徽加入长三角一体化建设的态度并不积极，两省一市中不少学者认为安徽加入长三角会拉低长三角城市群的整体发展水平并影响长三角地区的竞争活力。将安徽纳入长三角一体化发展规划表明中央政府有意提升安徽的经济地位。从一开始的不被接受到2021年正式对外公布的《南京都市圈发展规划》明确将安徽马鞍山、滁州、芜湖、宣城等四个城市纳入南京都市圈建设，表明安徽正面临实现全省区域经济高质量发展的一大机遇。但同时安徽的产业结构转型升级面临不小的挑战。上海、江苏和浙江总体上都呈现出“三、

二、一”的产业结构，而安徽的产业结构依旧是“二、三、一”的产业结构，产业结构水平在当代经济社会中明显较低，特别是其现代服务业发展相对滞后得多。另外，安徽在发展人工智能等高端产业时，面临的主要问题就包括专业人才供给不足，相对而言，高端专业人才主要还是集中在上海、杭州、南京等一线与新一线城市，安徽省城市的人才吸引力在长三角地区仍然相对不足。故安徽不同于江苏等地，其更需要加快经济转型升级与科技合作的步伐，积极与长三角其他地区进行产业对接，才能在一体化发展中实现更加绿色高效的产业生态。长三角一体化，是高质量经济发展的一体化，有利于安徽加速将合肥打造成为中国内陆的一个开放型经济高地、加速培育并形成新兴经济增长极，进而加快安徽在中部地区率先崛起的步伐，有利于合肥综合性国家科学中心优势的充分发挥，也有助于安徽实现水清岸绿产业优化的高质量发展。

《安徽行动计划》提出，高质量建设合肥都市圈。就区域城市发展而言，省会合肥市一枝独秀。合肥市政府于2020年4月正式公布了《合肥市推动长三角地区更高质量一体化发展重点工作推进方案》，对于产业结构问题，合肥市同样提出实现“产业一体化”发展，但当前合肥市在产业布局方面仍存在几大问题需要解决。从规划上看，合肥市各地区的产业结构重合度高，没有体现出不同地区的产业特色与分工，同时合肥市的高技术服务业发展进度慢、工业规模小、服务业不发达仍是突出问题，使得合肥这样一个省会城市并不具有强劲竞争力。为更好推进长三角一体化进程以及带动安徽全省的产业升级，合肥市更应该发挥省会城市的示范作用，积极加强与长三角其他地区之间的交流合作。长三角发达地区通过产业向外转移，技术空间的外溢会带动更广区域范围内创新的活跃，上海核心城市的技术外溢一般由江浙两省接受，而安徽长期以来承接转移江浙沪地区的产业。安徽各地应该抓住“长三角一体化”以及都市圈建设的机会，积极争取当地低端产业向中高端产业发展，同时加强自身的高端人才吸引力，并借鉴其他省市的经验努力发展第三产业。

第三节　研究结论与启示

自2019年长三角一体化纳入国家发展战略以来，沪、苏、浙、皖三省一市对于一体化发展产业规划的实施基本都有较为明确的认知与目标。2021年3月11日，十三届全国人大四次会议表决通过了《中华人民共和国国民经济和社会发展第十四个五年规划和2035年远景目标纲要》。“十四五”时期正是长三角一体化高质量发展实施的关键进程，而到2035年，长三角一体化发展将达到较高水平，也正对应国家远景目标“现代化经济体系基本建成”的关键时间节点，进一步将长三角打造成为国内最具影响力和带动力、竞争力的增长极的意义更加凸显，其经济发展质量水平以及发展方向对于引领全国总体经济转型具有重大的战略意义。各区域产业政策的协同发展与一体化，则又在长三角经济一体化进程中占据关键地位。与全球高水平创新区域相比，目前长三角在城市群创新功能的合理分工、紧密协同方面还不够明确。建议未来发展中要进一步强化、充分发挥上海科技创新策源中心、科技金融中心、科技人才高地和科技对外开放枢纽、科技区域辐射中枢的功能；促进长三角各省市结合自身禀赋基础，进一步完善具有地方特色的创新承载功能，在科研、产业、服务等方面形成自身独特优势，积极融入并支持区域创新体系建设，推动长三角科技创新一体化发展形成优势互补、链条联动的新格局。曾刚（2022）认为，“十四五”期间，长三角三省一市应构建面向未来的长三角创新协作分工体系，并创新长三角一体化保障机制，推动长三角三省一市实现更多从0到1的原始创新突破。

《长江三角洲区域一体化国家规划纲要》顶层设计的背后，亟待沪、苏、浙、皖三省一市政策规划的支撑和协同。不可否认，区域一体化发展存在有挑战度的难点，可以概括为两个方面：第一，城市与城市之间的竞合关系问题。区域一体化发展战略可以解决区域发展的不均衡、不充分等问题，区域内的城市可以通过合作取得共赢，但同时各个城市在客观上也是有着较为清晰的利益边界的行政主体，尤其是发展不均衡的事实恰恰也反映了不同行政主体的利益并不完全一致，因此各个城市间存在竞争也是必然事实，如何处理城市与城市间的竞合关系成为区域一体化发展中的难题之一。对此，构建区域一体化协调机制成为解决公共事务决策上可能出现的冲突的主要手段。如长三角 G60 科创走廊联系办公室就是处理具体的一体化事务的协调组织。第二，产业之间的同质竞争问题。长三角区域一体化包含产业一体化，但在区域内资源禀赋类似、产业整体层次不高的情形下，产业之间的同质竞争就成为区域一体化过程中应解决的难点之一。对此，可以通过科技创新推动产业高质量发展，形成产业发展的优化升级；也可以细化产业分工，通过形成不同地区在同一产业内部的分工差异，如研发等环节向上海等科技创新能力强的地区倾斜，生产、制造等环节分散在长三角其他具有优势的地区，不仅形成产业分工，同时也能促进区域间的产业联系和经济往来，进而推动长三角一体化发展。

总体来看，实力雄厚的上海作为全国数一数二的经济与金融中心，发挥着积极的示范作用以及带动作用，在产业发展方面主要是引领周边城市从基础设施等各方面融入大上海都市圈以及做好经济产业转型升级工作。而江苏与浙江分别作为上海的毗邻省份，两者在产业规划上，由于自身原有的经济基础不同，所需做出的努力方向也有所不同。江苏率先与安徽推出“南京都市圈”的发展规划，基于《长江三角洲区域一体化发展规划纲要》的指导思想，做出适合江苏与安徽合作共赢的都市圈发展规划，积极带动经济实力相对较弱的安徽更好地融入长三角一体化进程。综合起来，长三角地区在融合发展方面存在的主要问题仍在于各省市区域间发展的不均衡，各省域内部发展也不平衡不充分。促进一体化发展的核心，需要各地在自身产业与经济发展方面积极发挥“一体化”政策正面影响的同时，通过都市圈等城际间的协同融合来实现整体经济竞争力的增强。

基于沪苏浙皖促进一体化发展政策规划文本的比较视角，本章对沪、苏、浙、皖实施一体化发展总体纲要所提出的区域性产业政策规划进行了探讨，分析了三省一市政策规划与实施的异同。研究认为，沪、苏、浙、皖三省一市对一体化发展产业规划的实施基本都有较为明确的认知与目标，对应“十四五”规划和2035年远景目标的关键节点，凸显进一步将长三角打造成为国内最具影响力和带动力的强劲活跃增长极的重大战略意义。因此，应积极发挥一体化政策的正面影响，通过三省一市的产业政策协同融合来实现长三角地区整体高质量的发展和经济竞争力的增强。

第三章

R&D 投入对长三角 G60 科创走廊经济一体化发展的影响

为探索研发投入对长三角 G60 科创走廊区域经济一体化的新路径，实现 G60 科创走廊创新资源的优化配置和高效利用，本章利用长三角 G60 科创走廊九城市 2010 ~ 2019 年面板数据，采用柯布—道格拉斯生产函数为基本模型，分析研发经费和研发人员投入对长三角 G60 科创走廊经济一体化发展的驱动作用。结果表明，研发投入对驱动一体化的影响效果显著，但对各城市的影响程度不同，龙头城市的研发投入驱动水平显著高于其他城市。基于实证分析结果，从战略引领、研发投入、产学研机制等方面提出建议，以构建和形成面向未来科技发展和城市群功能跃迁的系统性战略布局，加速打造科创走廊区域创新生态体系。

第一节　引言及文献综述

一、引言

经济发展的区域特征与空间特征是近年来政府与学者们一直关注的热点。长三角 G60 科创走廊城市群位于长三角地区的核心区，具有得天独厚的地理优势及发达便利的交通网络。作为长三角地区科创一体化发展的先行先试基地，G60科创走廊汇聚了众多高新技术企业和战略性新兴产业企业，其研发投入活动十分活跃。加快建设长三角G60科创走廊已正式纳入国家“十四五”发展规划，规划中重点强调要强化自身科创水平，完善产业体系，与国际上的发达国家相对标，提升建设长三角G60科创走廊的绩效，以实现该地区辐射带动长三角乃至全国的经济发展。《长江三角洲区域一体化发展规划纲要》明确指出将长三角G60科创走廊打造成为科技和制度创新双轮驱动的先行先试走廊。但目前长三角G60科创走廊仍然存在研发投入与产出之间不成正比、产业结构发展不平衡、内部城市发展不协调等诸多问题。重视长三角G60科创走廊的研发投入状况以及产出情况，致力于将长三角G60创新走廊打造成为长三角地区的创新策源地尤为重要。

学者们现有研究主要关注于研发投入对企业发展的影响、研发溢出效应对区域经济增长的影响及产业间经济增长的影响、国际研发溢出效应对中国的经济增长的影响等方面，鲜有针对研发投入对长三角G60科创走廊城市群经济发展的研究。在此背景下，本章着重探讨研发投入对长三角G60科创走廊区域经济增长的贡献效果，以长三角G60科创走廊九城的2010~2019年的面板数据为样本，对近十年研发投入与区域经济增长之间的关系进行实证分析，分析城市群研发投入存在的问题，为了最大限度地发挥长三角G60科创走廊由科技创新带来的优势，需要重视科研投入，合理分配研发投入的结构，利用有限的创新资源最大限度地促进长三角G60地区经济增长，从而为政府、企业高效合理分配研发投入提供可行性的建议，以促进科创走廊地区的经济更健康的发展，推动长三角地区一体化水平提升。

二、文献综述

（一）研发投入与经济增长的总体关系

Adam Smith（1776）最早在《国富论》中就认为技术进步与科技创新

水平能够大大提高社会劳动生产率，而社会劳动生产率增长的同时也能够实现报酬递增带来国家财富的积累，最终有助于整个国家经济发展。Solow（1957）通过提出索洛模型得出研发投入是推动经济增长的一大动力，但经济对研发投入产生指导作用不明显，即研发投入与经济增长两者之间并非互相影响的关系。Lucas（1988）在其《论经济发展机制》中创新性地指出经济增长需要人力资本的积累，因为人力资本通过学习知识形成知识积累，进而促进个人劳动力生产效率的提高，引起全社会的劳动生产率上升，从而推动社会经济的持续增长。Romer（1990）在《内生技术革新》中将社会分为三个部门，分别是研发部门、中间部门和产品部门，在三部门结构中经济可以实现稳定增长，且整个社会经济持续增长的重要原因在于研发部门的技术革新，因为技术革新能推动技术进步，通过报酬递增实现递增的收益。Jaffe、Trajtenberg 和 Fogarty（2000）等学者通过实证研究得出对某一产业加大研发经费投入可以实现技术进步从而促进该产业的劳动生产率提升，且研发投入具有溢出效应，通过辐射作用帮助其他相关产业实现技术进步，对整个区域的经济发展产生巨大的促进效果。Charles（1988），Guellec（2004）和 Rachel Griffith（2001）都以亚太经合组织成员方关于研发投入的面板数据作为样本进行实证分析，研究结果表明，研发投入在研究时期内相较于其他因素如固定资本投入等对社会劳动生产率有着更加明显的贡献作用，能够更加有效地推动各成员方 GDP 的提高以及区域经济的发展。Bravo－Ortega 和 Marin（2011）同样利用不同国家的研发投入建立面板数据模型，并通过实证分析测得人均研发支出的增加对社会劳动生产率有显著贡献，结果说明，每增加 1% 的人均研发支出则全要素生产率增加约为 0.16%。Kancs 和 Siliverstovs（2016）通过实证研究得出，虽然研发投入对社会产出有一定的促进作用，但是两者之间并非线性相关，不同的研发投入对产出的促进作用大不相同，只有当研发投入达到阈值时才能有效提高产出。Boris（2018）根据美国近 50 年的样本数据，研究发现随着时代的进步，科技创新在经济发展中扮演着越来越重要的角色，即研发投入对经济增长的促进作用越来越显著，而资本投入等因素对经济增长的促进作用则在逐渐减弱。相反，Yue Fang（2020）根据中国31个省区市的实验结果得出，在中国提高研发创新效率的确有利于优化生产要素配置，促进资源高效合理利用，从而对全要素生产率提高，进而对区域经济的发展产生积极的影响，且各省区市之间存在溢出效应，但是创新的影响略逊于资本和劳动力要素。

王维国和谢兰云（2009）对我国31个省区市的面板数据进行实证研究，发现我国研发活动强弱与经济增长之间存在强烈的相关性，研发活动的加强能够产出更多的新技术来提升劳动生产率，不仅带动企业的经济增长，还能驱动整个地区的经济显著增长，且研发投入量居中地区的研发活动对经济增长的贡献作用最大，而高研发投入地区与低研发投入地区的贡献度较小，整体呈现出一个倒“U”形结构。陈信伟（2011）通过对安徽省1994~2008年的面板数据运用ADL模型进行实证研究，指出研发经费投入对安徽省的经济增长具有显著促进作用，且研发经费投入结构会影响投入的效率。刘奕均和孙浩淞（2021）利用中国1995年以来的研发投入等相关的数据样本，使用皮尔逊相关系数公式进行分析，结果表明，研发投入与经济总量之间存在明显的线性相关，研发投入对经济总量增加有驱动作用，但近几年研发投入对经济增长的促进作用逐渐下降。古耀杰和任艳珍（2015）通过空间模型进行回归分析，实证结果证明，我国的研发投入强度对经济增长贡献度在各个时期存在较大的差异，且目前研发投入强度对经济增长的影响不显著，可能是自主创新能力限制了研发投入对经济增长的拉动效果。李雪峰（2005）将罗默模型与卢卡斯模型相结合，将人力资本投入与R&D投入分别对中国经济增长的影响进行比较分析，测度证明在1978~2001年中国的经济增长主要来自人力资本投入的增长，人力资本的增加能够促进企业的科技创新活动，在一定程度上提高企业的劳动生产率。刘耀彬（2017）通过门槛回归模型证实研发支出对经济增长有重大影响，但是两者之间还存在基于人力资本的三重门槛效应，随着人力资本水平的提高，研发支出对经济增长的贡献效果也更加明显，因此建议对研发支出增加的同时也要促进人力资本水平的进步。刘定平利用中国近20年的科研面板数据作为样本，建立经济发展质量的相关指标，实证结果表明，我国的研发投入对经济质量整体的发展有一定的促进效果，其中对原本经济水平较好的地区其贡献效果更大，对经济发展水平较低地区的影响效果较弱。

国内外的相关文献都不同程度解释了研发投入对地区经济增长起着举足轻重的作用，对研发投入的增加会给经济带来显著的促进作用，因为对研发投入增加就会产出更多的研发成果，而研发成果包含各种专利、技术以及新产品，能够提升劳动生产率，从而促进经济增长。但同时也有相当一部分文献证实了研发投入初期难以对经济增长产生显著效果，只有当研发投资达到一定的阈值时，对经济的促进才会发挥作用。

（二）研发投入对区域经济增长影响机制的研究

Coe 和 Helpman（1995）通过搜集22个国家二十年的面板数据来探究发达国家与发展中国家的研发投入与劳动生产效率的相互关系，根据回归结果得出，研发投入对发达国家的劳动生产率有着更加显著的促进作用，而对于发展中国家研发投入对劳动生产率的促进作用相对较小，某些国家甚至会出现负作用。Krugman（1998）的研究结果表明，研发投入活动存在较强的区域溢出效应，且溢出效应的强度大小受到空间地理位置因素的影响，即越相邻地区的研发投入产生的溢出效应越为明显，因此研发投入在空间位置上的合理配置显得尤为重要。Ljungwall 和 Tingvall（2015）的研究结果表明，相较于其他各个不同经济发展水平的国家而言中国的研发促进作用均不显著，可能是投入产出效率较低引起的，推断研发投入并非中国经济增长最重要的因素。Youngjin Woo（2017）通过模型检验韩国的研发投资对区域经济的影响，结果得出研发投入对韩国相对落后地区经济贡献的影响更大，为减小韩国地区间的经济差距，建议在落后地区扩大研发投资以提高劳动生产率，通过对研发资金的定向投资来实现韩国经济的持续增长。Ceren Erdin（2020）通过对土耳其各大城市的研发投入数据与经济发展数据进行分析，研究表明，土耳其的经济发展状况与研发投入息息相关，且土耳其东部城市与西部城市的研发投入对经济增长的贡献度具有显著差异，若想实现土耳其社会持续发展，他建议更多关注落后地区的研发投入情况，否则土耳其地区间的经济差距将会越来越大。Sharif Naubaha（2021）以亚太地区的三个城市香港、深圳和新加坡作为研究对象，分析了研发投入的变化对三座城市全要素生产率增长的影响，比较三座城市的实证结果，发现研发投入对香港的全要素生产率有显著作用，但是促进作用有限。对深圳的全要素生产率的影响没有显著效果，但对于新加坡的全要素生产率能产生持续且显著的促进作用。

黄志基和贺灿飞（2011）通过对中国286个地级市利用空间自相关建立模型进行计量分析，得出技术创新对经济增长的贡献度与地区的经济发展水平相适应。曹贤忠、曾刚和邹琳（2015）运用DEA中的CRS模型和VRS模型对长三角城市群内部的研发投入产出效率进行测算比较，显示江苏省的研发投入产出效率最高，且内部城市研发投入产出效率的分异程度呈现下降趋势，但空间格局变化显著。李兆亮和罗小锋等（2020）对中国农业1995~2015年研发投入的数据运用空间杜宾模型进行实证分析，指出中部地区的研发投入对农业经济增长的总效应最高，东北地区研发投入对农业经济增长的直接效应和溢出效应最大，中－西部之间研发投入的空间溢出效应最强。刘满凤和王帅龙（2017）采用SLM模型对我国31个省区市2005~2014年的空间面板数据来测度研发投入对各地区经济增长的效应，结果表明，研发投入对东、中、西部地区都存在一定的空间溢出性，并表现为“马太效应”，即东、中、西部呈梯度下降的趋势。吕忠伟（2008）分地区探究了研发投入强度对经济增长的贡献，结果表明，研发投入对区域经济的增长贡献度存在显著的区域性差异，即对东部地区的经济增长有明显的贡献，而中部与西部地区较不显著，且研发溢出同样也存在显著的区域性差异。杨钧和苑小丰（2014）利用2000~2008年中国各省区市的面板数据进行实证研究，结果表明，研发投入对经济增长的影响存在显著的区域性差异，整体上研发投入对经济增长呈倒“U”形，中部地区研发投入产出比最高，东部与西部地区研发投入产出弹性较低。

通过研发投入对不同地区经济增长的相关文献分析可以看出，研发投入对不同发展水平的地区经济增长的促进效果不同，一般而言，研发投入对经济水平较发达的地区的经济推动作用更加明显，同时研发投入存在一定的溢出效应，具有一定的辐射能力，因此实现研发投入的合理区域分配至关重要。

（三）影响区域研发投入的因素分析

Grande 和 Peschke（2004）认为对研发投入产生影响的最重要因素是一个地区的经济繁荣程度，只有经济繁荣才能有效促进研发持续稳定的投入。Ledeman 和 Maloney（2003）研究发现，人均 GDP、申请专利的保护力度、科研机构的水平、政府的支持力度都会对研发投入强度有影响。Kanwar 和 Evenson（2003）通过对全球 32 个地区研发投入的面板数据进行回归分析，指出知识产权保护程度与人力资本的投入量均在一定程度上会对研发投入产生促进效用。Wei Li（2017）同样探究知识产权保护与研发投入之间的关系，其利用中国 1992~2002 年的数据建立回归模型，发现政府的研发投入会对企业的研发投入产生杠杆效应，进一步的格兰杰因果检验表明，知识产权保护在 2002 年前后使中国企业研发投入发生了结构性变化，表明知识产权保护是促进研发投入的关键性因素。Lin（2021）的研究发现，研发投资、环境绩效和财务绩效之间存在相关性，R&D 投资增加会使得环境绩效变好，但是财务绩效越好，则会使得 R&D 投资越少，不断变化的联系为政策制定者提供了重要信息，有助于制定研发战略，同时提升财务绩效和环境绩效。Liu（2021）以 2006 年中国 9 个土地督察局的数据作为样本建立双重差分模型进行回归分析，结果表明，土地的监管利用会使得地方政府投入更多的财政支出用于研发投资，土地的利用监管会使得企业增大获得政府补贴的可能性与规模性，使得企业能利用更多的补贴用于研发投资。Amaia Altuzarra（2021）通过格兰杰因果检验为企业研发投入与专利注册之间的关系提供了实证证据，通过使用1990～2013年西班牙制造企业的数据整体上检验了两者之间的关系，得出研发投入能够促进专利的产出，专利的发明也能引起研发投入的增加；同时还发现高收入型的企业对研发与专利的双向关系的支持度更强。

杨芳（2014）为探究金融发展水平对企业研发投入的影响机制，对深交所中小板上市公司的数据进行实证研究，结果表明，企业研发投入强度的重要促进因素是该企业的金融发展水平，当企业金融水平较高研发面临的融资难题将得到缓解，则研发投入水平会加强。赵康生和谢识予（2017）以上市公司历年的研发投入为样本数据，经过回归分析结果实证政府对于研发补贴的力度能够在相当程度上对企业的研发强度产生影响，当政府研发补贴力度越高时企业对研发活动的投入也将越强，同时还发现企业的吸收能力大小也会在一定程度上影响政府补贴对企业研发投入的贡献度大小。苏屹和李丹（2021）对中国31个省区市2009～2016年的面板数据建立PVAR模型来验证创新绩效和经济增长对研发支出的效用，实证结果证实创新绩效和经济增长均会对研发支出产生一定的促进效用，但研发支出在短期内却不能对创新绩效与经济增长产生促进效应，甚至有抑制效果。水会莉（2015）认为国家的政策压力如科技政策、能耗管理政策、税收政策等均会对企业的研发投入有一定的贡献度，且关于污染治理的相关政策压力还会对研发投入有一定的“挤出”效应。

从文献分析可知，引起研发投入变化的因素有很多，如地区发展水平、政府的研发补贴支持力度、知识产权保护力度、企业的吸收能力以及研发机构的水平等，有相当一部分学者认为GDP的增长能引发研发投入的增长且研发投入也对GDP有促进效果，但也有部分学者持否定意见，即认为研发投入与经济增长之间并非双向因果关系。

（四）研发投入结构对经济增长影响的研究

严晓珺（2008）将研发按研究性质分为三大类，通过回归分析研究每一类对经济增长的贡献力度，结果表明，在投入强度方面，应用研究投入对经济增长的效果最为显著；在投入增长率方面，基础研究投入增长率对经济增长的贡献最大。因此，在加大应用研究投入的同时，也要促进基础研究投入的增长。李永刚（2011）通过使用GMM模型建立回归分析中国1995～2009年的研发支出结构相关的数据，发现研发支出能够促进社会生产力水平发展，且基础研究对经济发展的促进作用最明显，而应用研究与试验发展的经费投入都会对经济增长产生不同的抑制效果。陈信伟（2011）通过对安徽省的研发经费投入与经济增长进行测算估计，发现研发经费投入确实能实现经济高速增长，但安徽省的研发经费投入效率较低，基础研究投入最低，其对经济增长贡献率最高。试验发展的投入最高，但是贡献效率却最低，只有优化研发投入结构，对资源进行合理配置，提高投入效率，才能更好实现技术创新与经济发展之间的良性互动。张龙鹏和钟易霖（2021）根据中国1998～2009年近十一年的数据分析是否存在研发投入中基础研究的最优比重，结果证明，基础研究经费与研发总支出的比重与经济增长之间的关系呈现倒"U"形，即存在一个最优的基础研究比重，这个发现有利于更好地调节研发比重，实现最大化的科技推动发展的效果。卢方元和靳丹丹（2011）通过建立全国的面板数据，发现研发人员投入的弹性系数相较于研发经费投入对经济的促进效果更高，只有保持合理的研发投入结构，促进研发资源的合理配置，才能实现科技创新促进GDP的进一步增长。相反的，嘉芬芬（2011）同样认为研发投入对经济发展具有明显的促进作用，但其得出研发经费投入的弹性系数要低于研发人员投入弹性系数，研发经费投入对经济增长的影响程度大于研发人员的投入，因此应该更加注重科研人员的投入力度。江激宇和戴姗（2019）对我国30个省区市的面板数据采用分位数回归分析方法，结果证明，研发人员在长期条件下对我国大部分地区的经济增长并无显著影响，随着分位数的增加回归系数还有回落效果，而研发经费在不同的分位点下对经济增长有更加显著的贡献，因此需要合理配置研发投入才能充分发挥对经济增长的贡献作用。

文献研究充分证明了研发投入的结构对经济增长有较强的影响，按照R&D性质的基本分类，学者们普遍认为基础研究对经济增长的贡献度最大，同时相较于研发人员投入，研发经费的投入对经济增长的贡献度更高，因此对研发投入力度增加的同时，合理分配研发投入结构也是需要思考的问题。

第二节 长三角G60科创走廊研发投入基本情况

资金和人才是衡量研发活动顺利开展的重要因素，现有文献针对研发投入总体情况的分析基本可以划分为研发经费投入与研发人员投入两大部分，本节研发投入现状分析分别从研发经费与研发人员两个方面进行讨论。

一、长三角G60科创走廊研发经费投入状况

研发经费投入包括日常支出和资产支出（本节的数据均为研发经费的内部支出），是衡量一个地区科技创新能力的重要指标之一。由于各市经济水平与人口等本身存在显著差异，长三角G60科创走廊九城市研发经费支出差异性非常大，本节以研发经费投入强度（研发经费内部支出/地区生产总值）来衡量各地区研发经费投入状况，试图从研发投入总量与研发经费投入强度两个方面共同衡量G60科创走廊九城市的研发经费投入现状。

从研发经费投入总量来看，研发经费投入逐年迅速上升，2019年G60

科创走廊九城市研发经费支出总额达3322.50亿元，长三角地区的研发经费总支出为6727.9亿元，9座城市占长三角核心区27座城市研发经费支出总额比重高达49.4%。从研发经费投入总量的增长率来看，相较于2018年的2895.91亿元增长14.73%，远高于2017年长三角地区研发经费增长率的12.9%。近几年来，平均每年研发经费支出增长率高达15%，说明长三角G60城市群整体十分重视研究与发展，投入资金量大且增速快。

从研发经费强度来看，2010～2019年逐年稳步上升，在2019年达到最高水平3.31%。相较于研发经费增长率，研发经费强度增长率较为缓和，但是其增长速度也十分可观，2019年长三角G60城市群总体的研发经费强度增长率为7.45%，远高于全国包括长三角其他地区在内的增长速度（见表3－1）。

表3－1　2010～2019年长三角G60城市群研发经费投入状况

年份	研发经费（亿元）	研发经费增长率（%）	研发经费强度	研发经费强度增长率（%）
2010	947.53	—	2.18	—
2011	1190.35	25.63	2.36	8.34
2012	1365.09	14.68	2.46	4.59
2013	1563.88	14.56	2.65	7.39
2014	1799.56	15.07	2.80	5.93
2015	1954.88	8.63	2.78	0.88
2016	2203.05	12.70	2.86	2.75
2017	2486.12	12.85	2.91	2.06
2018	2895.91	16.48	3.08	5.67
2019	3322.50	14.73	3.31	7.45

为了更加直观地了解长三角G60科创走廊城市群的地区性差异，以2019年的数据为例制作表格，如表3－2所示。从研发经费投入量来看，九座城市研发经费投入最高的上海市，达到1524.6亿元，这与地区经济发展水平密切相关。苏州市与杭州市，分别为629.8亿元和530.4亿元，均远远高于其他六座城市。最低的宣城市仅25.8亿元，可以发现长三角G60

地区内部整体的研发经费支出存在非常大的差距。从研发经费强度来看，2019年上海市研发强度高达4%；其次是杭州市、苏州市、嘉兴市，均超过了3%。湖州市和芜湖市位于中等水平，合肥作为安徽省的省会城市经费支出占地区生产总值的比重却比较低。金华市和宣城市因其经济发展水平限制，研发经费强度很低，其中宣城市不到1.7%，仅为上海市的1/3左右。

表3-2　2019年长三角G60科创走廊城市群研发投入情况

城市	研发经费支出（亿元）	研发经费强度（%）
上海	1524.6	4.00
苏州	629.8	3.27
杭州	530.4	3.45
湖州	87.0	2.79
金华	84.1	1.85
嘉兴	164.7	3.07
合肥	173.5	1.84
芜湖	102.7	2.84
宣城	25.8	1.65

图3-1直观展示了长三角G60科创走廊九座城市研发经费强度的区域性差异。从图中可以直观地看出研发经费投入强度在长三角G60城市间分布的不平衡性。研发投入强度与各地区经济发展水平密切相关，其中研发经费投入强度最高的地区集中在经济水平发展较高的城市，如上海、苏州、杭州、嘉兴市，且均为相邻的临海城市，呈中心聚集，向邻近城市逐渐扩散分布。其可能的原因是上海、杭州、苏州作为各省域科技创新的重点城市，拥有更加先进的基础设施、更加丰富的创新资源以及更加完善的创新政策环境，且创新资源通过溢出效应对邻近的城市产生更大的效果，嘉兴市被上述三座城市包围研发溢出效应突出，湖州市同样受到一定的正向影响。

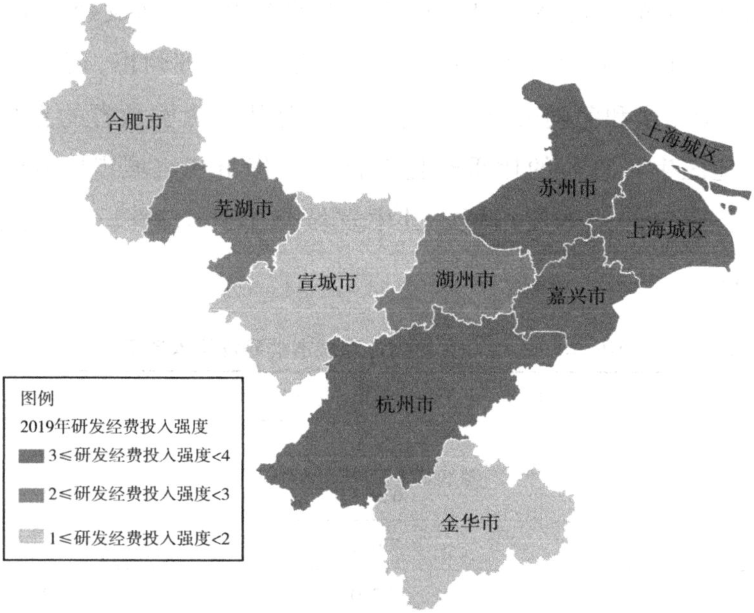

图3－1　2019年长三角G60科创走廊城市群研发经费强度分布

二、长三角G60科创走廊研发人员投入状况

研发人员是指直接从事科技活动的人员，本章统计的研发人员投入是指研发人员全时当量。与研发经费投入状况相类似，由于各市经济水平与人口等本身存在显著差异，因此G60科创走廊九城市研发人员投入差异性也非常大，本章从研发人员投入总量和研发人员投入强度（研发人员全时量/从业人员总数）两个方面共同衡量研发人员的投入状况。

根据G60科创走廊城市群的历年数据绘制表3－3。从研发人员投入总量来看，数量逐年稳步增长，2019年达到70.98万人，相较于2018年的63.44万人增长了11.89%，远高于长三角地区的研发人员数量在2019年增长率的7.9%。由此可知G60科创走廊地区的研发人员增长量为整个长三角地区做出巨大贡献，近年来，G60地区的研发人员平均增长率约为

9%，地区科研人员总量增长率处于较高的水平。

表 3-3　　2010~2019 年长三角 G60 城市群研发人员投入状况

年份	研发人员量（万人）	研发人员增长率（%）	研发人员强度	研发人员强度增长率（%）
2010	32.69	—	0.85	—
2011	36.33	11.15	0.90	6.34
2012	40.66	11.90	1.00	10.69
2013	44.80	10.18	1.03	2.69
2014	50.89	13.60	1.17	13.50
2015	52.49	3.14	1.20	2.84
2016	56.52	7.69	1.28	6.87
2017	57.75	2.16	1.30	1.53
2018	63.44	9.86	1.42	9.03
2019	70.98	11.89	1.58	11.10

从表中可以看出，长三角 G60 科创走廊城市群的科技人才占劳动力的比例逐年上升，在 2019 年达到最高水平，约为 1.58%，且 2019 年的研发人员强度增长率高达 11.10%，说明 G60 科创走廊城市群近年来人才引进政策取得了一定效果。

同样以 2019 年长三角 G60 科创走廊研发人员数据为例，数据结果如表 3-4 所示。从研发人员投入总量来看，苏州市和上海市的研发人员投入量遥遥领先，其中苏州市超过了 20 万人。杭州市的研发人员投入量也较高，达到 12.63 万人。最低的为宣城市，仅有 0.84 万人，不足苏州市的 1/12，九座城市之间的科研人员数量差距十分明显。从研发人员投入强度来看，同样苏州市最高，约为 3%，其他大部分城市均为 1% 以上。合肥市作为安徽的省会城市，其研发人员投入强度也相对不足，宣城市处于最低水平，仅有 0.41%。整体而言，除苏州市以外各城市的研发人员强度还较为不足，且各城市之间差距显著。由于各地人才引进政策力度不同，部分城市未能充分发挥其溢出效应导致存在较大差距。

表3-4　2019年长三角G60科创走廊城市群研发人员投入情况

城市	研发人员（万人）	研发人员强度（%）
上海	19.86	1.44
苏州	20.79	3.00
杭州	12.63	1.75
湖州	2.71	1.40
金华	4.03	1.14
嘉兴	4.69	1.40
合肥	3.37	0.62
芜湖	2.06	2.52
宣城	0.84	0.41

为更加直观地衡量各地研发人员投入的差距，绘制图3-2。可以看出，苏州市研发人员强度最高，整体呈现以苏州为中心向周围城市扩散的布局，而安徽省整体的研发人员投入强度较低。

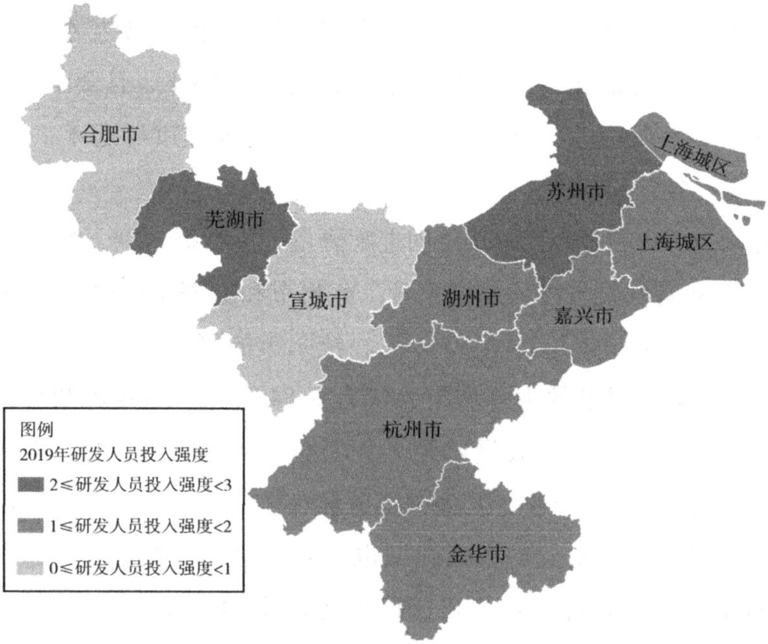

图3-2　2019年长三角G60科创走廊城市群研发人员强度分布

三、小结

由于经济基础、创新环境等综合因素的差异性，长三角G60科创走廊九城市的研发投入水平极其不均衡，研发投入情况与地区的经济水平密切相关。上海市、苏州市的经济基础较好，在九城市中创新研发活动也最为活跃，在研发资金投入、研发人员投入、创新企业体量和创新产出等方面均具有明显的先发优势。杭州市和合肥市分别作为浙江省和安徽省的省会城市，同样具有良好的创新基础，其研发投入状况也较为显著。嘉兴、芜湖、湖州等G60地区重点城市的邻近城市，其创新研发活动正处于稳步增长阶段。金华市和宣城市等城市由于经济水平较低有所限制，相较于长三角G60地区的其他城市其研发水平为弱势。与国际上典型的创新走廊相比，长三角G60科创走廊具有很大的发展潜力和发展空间，加大对G60地区研发投入的力度，有助于拉动整个长三角经济的高质量发展。

第三节 研发投入对G60科创走廊经济增长的实证分析

一、数据收集与模型构建

（一）数据收集

本节选用长三角G60科创走廊九城市的相关数据作为样本个体。综合考虑数据的公开性、连续性以及可获得性，将时间范围选取为2010～2019年。地区生产总值、固定资本投资、劳动力就业人数等数据来自九座城市历年的统计年鉴、国民经济和社会发展统计公报以及政府官方网站公开的数据，以确保数据的权威。研发经费投入与研发人员投入来自九城市历年统计年鉴、科技统计年鉴与R&D统计公报。考虑到存在通货膨胀等因素，因此以2010年的GDP为参考基准，按照平减指数对2010～2019年的地区生产总值进行整合换算，部分相关年份缺失的数据取前后两年的平均数。

（二）模型选择

区域经济一体化发展状况与多个方面的因素息息相关，本节基于内生经济增长理论，讨论科技研发因素对G60城市群的影响，选择可扩展的柯布—道格拉斯生产函数作为基本模型：

$$Y = AK^{\alpha}L^{\beta} \quad (3-1)$$

本节主要探讨的是研发投入与区域经济增长之间的关系，却又不能忽略资本和劳动以及其他方面因素带来的影响，因而可将研发经费支出和研发人员投入两种要素从A中析出，将上述公式改写为：

$$Y = AK^{\alpha}L^{\beta}R^{\eta} \quad (3-2)$$

其中，Y表示G60科创走廊地区生产总值，A代表劳动、资本、研发投入除外的其他因素的影响效应，K表示G60科创走廊城市群总体的固定资本投入，L表示G60科创走廊城市群的劳动总投入，R代表研发投入，可以用RJ和RR分别表示，α为固定资本投入的产出弹性，β为劳动投入的产出弹性，η为研发投入的产出弹性。对所有的变量分别取对数处理，如下：

$$\ln Y = \ln A + \alpha \ln K + \beta \ln L + \eta \ln R \quad (3-3)$$

为研究研发经费和研发人员投入分别对G60地区经济增长的影响，在式（3－3）的基础上，进一步修正并建立面板数据模型，可将式（3－3）改为如下：

$$\ln Y_{it} = c_i + \alpha_i \ln K_{it} + \beta_i \ln L_{it} + \theta_i \ln RJ_{it} + u_{it} \quad (3-4)$$

$$\ln Y_{it} = c_i + \alpha_i \ln K_{it} + \beta_i \ln L_{it} + \gamma_i \ln RR_{it} + u_{it} \quad (3-5)$$

其中，t为时间；i为截面个体（i＝1，2，3，…，9）；c为截距项；μ

为随机误差项；α、β、θ、γ分别表示为资本、劳动、研发经费投入和研发人员投入因素对经济增长的弹性系数。

本节选取长三角G60科创走廊城市群2010～2019年面板数据进行实证研究，对面板数据进行回归分析时，可以选择固定效应模型、随机效应模型和混合效应模型三种。根据豪斯曼检验和F检验的结果，最终确定使用固定效应变系数模型。在定性分析上，本节是对九座城市的分析，同样符合采用固定效应模型。进一步将模型改写为：

$$\ln Y_{it} = c + c_i + \alpha_i \ln K_{it} + \beta_i \ln L_{it} + \theta_i \ln RJ_{it} + u_{it} \tag{3-6}$$

$$\ln Y_{it} = c + c_i + \alpha_i \ln K_{it} + \beta_i \ln L_{it} + \gamma_i \ln RR_{it} + u_{it} \tag{3-7}$$

其中，$(c + c_i)$ 为其他因素对经济增长的影响程度，其数值越大表示其他因素的影响程度也越大，c_i 表示九座城市之间的差异。α_i、β_i、θ_i、γ_i 分别为不同城市固定资本投入的产出弹性、劳动投入的产出弹性、研发经费投入的产出弹性以及研发人员投入的产出弹性。

本节考察的是2010～2019年G60科创走廊九座城市的数据，考虑到不同城市的研发水平不同，研发产出效应也不同，因此所选用固定效应变系数模型作为基本模型，从区域上来深入研究不同城市的研发经费投入与经济增长之间的关系，对于区域层面的研究可以帮助了解G60科创走廊研发经费投入与产出的地区差异，对研发经费投入在不同区域的合理分配具有一定的参考价值，从而提高G60地区研发经费的利用效率。

（三）变量设定

本节所讨论的是经济增长，通常情况下学者们用地区生产总值来反映各地区的经济增长，因此以地区生产总值作为被解释变量，用符号Y来表示；研发经费投入用符号RJ来表示；研发人员投入用当年的研发人员全时量衡量，用符号RR表示；现有的大部分文献均采用研发经费内部支出和研发人员全时量共同来衡量研发投入的情况，因此以此作为研发投入的指标，研发经费支出和研发人员投入为解释变量；控制变量为物质资本投入和劳动力投入，一般用固定资本投入来替代物质资本投入量，用符号 K 来表示，以年末就业人数作为劳动力投入的变量，用符号 L 来表示。变量设定具体如表 3－5 所示。

表 3－5　变量解释与定义

变量类型	名称	符号	含义
被解释变量	地区生产总值	Y	经济增长状况
解释变量	研发经费支出	RJ	研发经费的内部支出
	研发人员投入	RR	研发人员全时量
控制变量	资本投入	K	固定资本投入额
	劳动力投入	L	年末就业人数

二、实证分析

（一）数据描述性统计

对所有的面板数据采用 EViews 10 进行处理，对 5 个变量的描述性统计如表 3－6 所示。

表 3－6　2010～2019 年长三角 G60 科创走廊相关变量描述性统计

变量	GDP	K	L	RDJ	RDR
平均数	69994.88	30936.49	4286.76	1972.887	50.65
中位数	67260.60	32362.29	4371.83	1877.22	51.69
最大值	100405.80	41272.58	4504.98	3322.5	70.98
最小值	43558.25	19803.70	3847.14	947.53	32.69
标准差	18953.90	7423.32	224.65	761.62	12.14

如表 3－6 所示，九座城市近十年的地区生产总值的平均数为 69994.88 亿元，固定资产投入的平均数为 30936.49 亿元，劳动力投入量近十年的平均数为 4286.76 万人，研发经费近十年平均投入为 1972.89 亿元，研发人员全时量平均投入为 50.65 万人，且最大值均在 2019 年达到，最小值也均

为 2010 年的数据。

（二）单位根检验

由于时间序列的数据随着时间可能会存在相似的变化趋势，因此为避免存在“伪回归”以确保回归实验结果的准确性，需要对面板数据中的变量 lnY、lnK、lnL、lnRJ、lnRR 进行单位根检验。

本节采用 LLC 检验、ADF – Fisher 检验、PP – Fisher 检验和 IPS 检验四种方法对数据（lnY、lnK、lnL、lnRJ、lnRR）进行单位根检验，表 3 – 7 是 EViews 10 得出的单位根检验结果。

表 3 – 7　　长三角 G60 科创走廊相关变量的单位根检验结果

变量	LLC 检验	IPS 检验	ADF – Fisher 检验	PP – Fisher 检验	结果
lnY	–1.41101 (0.0791)	2.02706 (0.9787)	5.5822 (0.9976)	17.4549 (0.4921)	平稳
lnK	–13.4269 (0.0000)	–3.46074 (0.0003)	45.3328 (0.0004)	39.7485 (0.0023)	平稳
lnL	–3.83834 (0.0001)	–2.4687 (0.0068)	51.8369 (0.0000)	64.2305 (0.0000)	平稳
lnRJ	–1.91423 (0.0278)	1.23253 (0.8911)	19.0625 (0.388)	53.0033 (0.0000)	不平稳
lnRR	–5.43711 (0.0000)	–0.32007 (0.3745)	28.5985 (0.0535)	25.7071 (0.1066)	不平稳
ΔlnY	–9.44066 (0.0000)	–5.34173 (0.0000)	67.3547 (0.0000)	90.2902 (0.0000)	平稳
ΔlnK	–5.92919 (0.0000)	–3.04309 (0.0012)	42.4831 (0.0009)	56.8666 (0.0000)	平稳
ΔlnL	–16.0135 (0.0000)	–8.3639 (0.0000)	67.2649 (0.0000)	56.6136 (0.0000)	平稳
lnRJ	–7.69991 (0.0000)	–3.24945 (0.0006)	45.8689 (0.0003)	68.6137 (0.0000)	平稳
lnRR	–6.55597 (0.0000)	–3.35743 (0.0004)	46.3229 (0.0003)	54.084 (0.0000)	平稳

由表3-7可知，经检验在5%的显著水平下，lnRJ在IPS检验和ADF-Fisher检验中p值大于0.05，表示存在单位根，说明该序列不平稳，同样lnRR也为不平稳序列，lnY、lnK、lnL均为平稳序列。再对上述五个变量序列进行一阶差分处理，一阶差分序列的所有变量均通过了5%显著水平下的单位根检验，均不存在单位根，即均为平稳序列，因此可以进行下一步的协整检验。

（三）协整检验

经过单位根检验，得出变量lnY、lnK、lnL、lnRJ、lnRR均为一阶平稳序列，因此可以对面板数据进行协整检验，以此来确认自变量与因变量之间是否存在长期均衡关系。本节采用Perdroni和Kao两种方式来检验协整性。结果如表3-8所示。

表3-8　协整性检验结果

检验方法	统计量	lnY与lnK	lnY与lnL	lnY与lnRJ	lnY与lnRR
Pedroni检验	Panel v-Statistic	18.89467 (0.0000)	32.2626 (0.0000)	2.910093 (-0.0018)	18.23732 (0.0000)
	Panel rho-Statistic	1.065865 (-0.8568)	2.203731 (-0.9862)	1.448365 (-0.9262)	1.11891 (-0.8684)
	Panel PP-Statistic	-3.139 (-0.0008)	-1.702994 (-0.0443)	-1.794698 (-0.0364)	-3.732554 (-0.0001)
	Panel ADF-Statistic	-6.878473 (0.0000)	-6.952569 (0.0000)	-3.925316 (0.0000)	-3.828301 (-0.0001)
	Group rho-Statistic	2.480697 (-0.9934)	2.66032 (-0.9961)	2.743703 (-0.997)	2.347261 (-0.9905)
	Group PP-Statistic	-3.286216 (-0.0005)	-2.844052 (-0.0022)	-1.766036 (-0.0387)	-4.022041 (0.0000)
	Group ADF-Statistic	-7.557585 (0.0000)	-4.856335 (0.0000)	-4.187314 (0.0000)	-4.747712 (0.0000)
Kao检验	ADF	-1.397162 (0.0812)	-4.04449 (0.0000)	-4.046461 (0.0000)	-2.957219 (-0.0016)

在 Pedroni 协整方法中无论是同质 AR 情形还是异质 AR 情形，其统计量的结果并不统一。本节借助 Kao 协整检验结果，由表 3－8 可以看到 Kao 检验的在 5% 的显著性水平下所有统计量的 P 值均小于 0.05，因此可以拒绝变量不存在协整关系的原假设，即变量之间是协整的，说明 lnY 与 lnK、lnL、lnRJ、lnRR 均存在长期均衡关系。

（四）格兰杰因果检验

格兰杰因果检验是为了检验变量是否为另一变量的原因，即检测变量之间是否存在因果关系的一种检验方法。前面通过分析可以得出长三角 G60 科创走廊的研发经费投入与研发人员投入均对地区生产总值产生一定的影响，但是我们不能判断经济增长是否也能影响长三角 G60 地区的研发投入情况，因此本部分利用 EViews 10 对上述数据进行格兰杰检验，滞后阶数选择 1，结果如表 3－9 所示。

表 3－9　研发经费投入、研发人员投入与 GDP 的格兰杰检验结果

原假设	F 值	P 值	结论
研发经费投入不是 GDP 的格兰杰原因	9.6073	0.0075	拒绝
GDP 不是研发经费投入的格兰杰原因	3.76556	0.0704	拒绝
研发人员投入不是 GDP 的格兰杰原因	12.2283	0.0037	拒绝
GDP 不是研发人员投入的格兰杰原因	1.35279	0.3118	接受

如表 3－9 所示，滞后期为 1 时，在 10% 的置信水平下，长三角 G60 科创走廊的研发经费投入与该城市群的经济增长为双向关系，即研发经费投入能够引起城市群的经济增长，且 G60 地区城市群的经济增长同样能引起研发经费投入增加；但研发人员投入与 G60 地区城市群的经济增长并非双向因果关系，即研发人员投入能够促进长三角 G60 城市群的经济增长，反过来，长三角 G60 城市群的经济增长对研发人员的投入并无显著促进效果，可能是由于存在一定的滞后期。

（五）误差修正模型

上述检验并没有考虑到研发投入的短期波动对区域经济增长的影响，因而可以引入面板误差修正模型来证实研发经费投入与研发人员投入的短期影响。

$$\Delta \ln Y_{it} = \lambda_{1i}\Delta \ln RJ_{it} + \mu_{1i}ECM_{i,t-1} + \mu_{1it} \quad (3-8)$$

$$\Delta \ln Y_{it} = \lambda_{2i}\Delta \ln RR_{it} + \mu_{2i}ECM_{i,t-1} + \mu_{2it} \quad (3-9)$$

表 3－10　误差修正模型检验结果

城市	λ_1	μ_1	λ_2	μ_2
上海	0.346283 (0.6976)	－0.124275 (0.8722)	－0.439244 (0.7367)	－0.686459 (0.6955)
苏州	－0.123493 (0.4951)	0.77068 (0.4143)	－0.001513 (0.9921)	0.594267 (0.5317)
杭州	0.172296 (0.8242)	0.070243 (0.8265)	－0.178476 (0.7059)	0.033006 (0.9221)
湖州	－0.119003 (0.6729)	－0.043839 (0.9075)	－0.056389 (0.7791)	－0.074434 (0.8398)
金华	0.012332 (0.9326)	－0.103309 (0.7618)	0.042571 (0.7599)	－0.094006 (0.7855)
嘉兴	－0.586315 (0.3433)	0.035179 (0.9205)	－0.10975 (0.6423)	0.109017 (0.7655)
合肥	－0.021 (0.9146)	0.033837 (0.8939)	－0.076632 (0.6075)	0.058353 (0.823)
芜湖	0.062324 (0.5311)	0.33176 (0.5379)	0.03283 (0.6131)	0.291261 (0.598)
宣城	0.081467 (0.8093)	0.148019 (0.726)	0.051601 (0.6678)	0.10234 (0.8)

误差修正模型的检验结果说明，长三角 G60 所有城市的研发经费投入与研发人员投入滞后一期的误差修正系数均未通过显著性检验，可以说明对 G60 城市群而言其研发投入对经济增长的短期几乎没有影响，这可能是

因为研发投入活动具有一定的时滞性。

（六）研发经费对长三角G60九城市经济增长的影响

研发经费投入是衡量一座城市创新活动的重要指标之一，通过增加研发经费的投入，促进企业、研究所以及高等院校进行更多的基础性研究，并将研发活动产生的研究成果以及专利投入企业的生产中去，最终这些研究成果与技术能够显著提高企业以及整个行业的劳动生产率，借助各种科学技术的力量单位时间内能够生产更多的产品进入市场，从而驱动地区经济实现高质量的增长。

根据EViews 10对lnY与lnRJ运用固定效应变系数模型进行回归分析，可以将回归结果表示为：

$$\ln Y = 3.491 + 0.212\ln K + 0.159\ln L + \theta_i \ln RJ + c_i \tag{3-10}$$

上述估计方程结果显示，R^2 为0.998，F统计量为1606.18，P值等于0，说明方程拟合度较高，DW统计量大于1，说明该方程不存在自回归现象。且从表3－10可以看出所有城市的t值检验结果均在5%的置信水平条件下显著，证明方程整体显著，结果如表3－11所示。

表3－11　　lnY与lnRJ回归分析结果

地区	c_i	系数	t值	P值
上海	－0.136557	0.563905	7.74448	0.0000
苏州	0.440543	0.48192	11.72661	0.0000
杭州	－0.816786	0.647715	8.569148	0.0000
湖州	0.207125	0.413861	6.408325	0.0000
金华	0.356417	0.431331	5.040301	0.0000
嘉兴	－0.485846	0.580508	9.996074	0.0000
合肥	0.026954	0.509244	8.307241	0.0000
芜湖	0.348781	0.399865	5.847721	0.0000
宣城	0.05937	0.397883	8.64046	0.0000

由表3－11得出，资本投入、劳动力投入、研发投入的回归系数均为

正数，且各解释变量都通过了5%的显著水平，说明资本投入、劳动力投入、研发投入等因素对经济增长有显著性促进作用，但促进效果存在差异。各个城市的研发经费投入系数均大于资本和劳动力系数，说明研发经费投入在地区经济发展中扮演着越来越重要的角色，从最初的资本驱动和劳动力驱动逐渐转变为创新驱动发展。

根据表3－11的回归结果可以得出，长三角G60科创走廊九座城市的研发经费投入均对各地区GDP存在促进作用，不同城市的研发经费投入系数均不同，该系数反映的是研发经费投入对该城市经济增长的推动作用的大小，即每增加1个单位的研发经费投入使得经济增长的单位。其中杭州市弹性系数最高，为0.6477，说明每增加1单位的研发经费投入，杭州市的GDP就增加0.6477个单位，即研发经费的增加对杭州市经济增长帮助最大。截距项越大表示其经济增长受到除资本投入、劳动力投入、研发经费投入以外的因素影响效果越大，九座城市中杭州市的经济增长受到其他总和因素的影响最大。嘉兴市、上海市、合肥市、苏州市的研发经费投入对经济增长的贡献度也较大，每投入1个单位的研发经费投入GDP均有0.5个单位以上的经济增长。芜湖市和宣城市的贡献度在九座城市中较低，弹性系数为0.39，相较于其他几座城市而言，研发经费的投入未能最大限度地推动该地区的经济增长，还有较大的进步空间。

总体来看，研发投入水平较高的城市对经济增长的促进作用也较为显著，这可能得益于具有较好的研发经费水平的地区同样具有较高的经济水平与成熟的市场机制，能够激活研发经费带来的聚集效益优势，通过规模经济进而带动经济更快的增长。具体来看，杭州市的弹性系数最高，近10年来杭州市的研发经费投入带来的经济增长效果最为显著，可能的原因是其研发经费投入对经济增长的促进作用目前处在规模效应递增阶段，近年来杭州“互联网＋”以及高新技术产业发展迅速，通过研发经费投入的加大，形成了良好的研究与开发活动环境，各产业联动发展对经济增长的促进效果更加显著。苏州市作为长三角G60科创走廊城市群中研发经费投入水平最高的城市，其研发经费投入对经济增长的弹性系数仅为0.48，处于九座城市中的中等水平，也就是说，投入产出比不高。可能的原因是其研发经费投入一直处于较高的水平，某些企业的创新能力、合作效率甚至“寻租”行为，以及企业和政府能否保证实验发展投入流向富有活力和最有效率的科学研究和技术创新领域，都会导致其边际报酬率较低。上海市的弹性系数也较高，上海市具有良好的经济发展水平，市场机制成熟，有助于研发经费投入的高效利用。虽然上海市的研发经费一直处在较高的水平，但对经济增长的促进效果却优于苏州市，可能的原因是上海市高科技产业较多，新兴产业对研发经费的投入需求更大，且研发经费的投入在一定程度上更能使得企业加大研发力度，加强基础研究，更能有效地提升劳动生产率，从而有效促进区域经济的增长，而苏州市的企业大多集中为重工业，因此研发经费对其经济的增长效果不如上海市显著。湖州市和金华市的弹性系数处于较为相近的水平，这说明其研发投入经费对经济增长的促进效果相当，这两座城市在研发经费的投入水平上也较为相似，均处在九座城市的中下游水平，因此对经济增长的促进效果也不强，这也进一步说明了弹性系数与研发经费投入量相关。嘉兴市的弹性系数高达0.58，虽然在研发经费投入量上并没有较大的优势，但是其具有很强的区位优势，从空间上来看它位于上海市、杭州市和苏州市之间，由于研发投入存在一定的溢出效应，能够对邻近的城市产生正向作用，向周围的城市产生强大的辐射作用，因此有助于嘉兴市的城市经济的发展。安徽省除了合肥市的弹性系数为0.51，芜湖市和宣城市的弹性系数均只有0.39，处于九城市的末端。合肥市作为安徽的省会城市，经济水平较好，具有较好的工业基础，其研发投入能较好地促进经济的增长。芜湖市和宣城市经济水平薄弱，研发经费投入水平远远低于其他城市。同时，制造业企业、新兴企业较少，市场机制不成熟，没有较好的创新基础设施，区位上也处于劣势，都在一定程度上抑制了其研发投入对经济增长的促进作用。

综上所述，长三角G60科创走廊城市群的九座城市的研发经费投入对经济增长的弹性系数皆为正数，加大研发经费投入均能促进其经济增长。但不同城市的研发经费投入对经济增长的弹性系数存在较大差异，且影响研发经费投入对经济增长的机制也各不相同，大致上与各城市经济发展水平、各个产业分布情况以及区位相关。因此，在对研发进行投入时不能盲目增加地区的经费投入，要综合各地区的实际情况进行分析，提升研发投入的产出效率比。

（七）研发人员对长三角G60九城市经济增长的影响

根据EViews 10对lnY与lnRR进行回归分析，可以将回归结果表示为：

$$\ln Y = 0.325 + 0.404\ln K + 0.703\ln L + \gamma_i \ln RR_{it} + c_i \tag{3-11}$$

如前述估计方程结果显示，R^2等于0.996，接近于1，说明该模型整体拟合优度非常好，F统计量为859.1，P值等于0，远大于临界值，表现显著，即通过了F检验，DW值为1.013，说明该方程不存在自回归现象。从表3-12中可以看出九城市的t值检验结果均在5%的置信水平条件下显著，证明方程整体显著，具体回归结果如表3-12所示。

表3-12　lnY与lnRR回归分析结果

地区	c_i	系数	t值	P值
上海	-1.630401	1.034864	3.659562	0.0005
苏州	-0.047571	0.485685	7.709646	0.0000
杭州	-0.858943	0.789902	4.463555	0.0000
湖州	0.676847	0.233103	2.941653	0.0044
金华	0.498416	0.207495	2.081615	0.0410
嘉兴	-0.057809	0.671404	6.421594	0.0000
合肥	0.030811	0.458643	3.690793	0.0004
芜湖	1.209063	0.207419	2.942858	0.0040
宣城	0.179588	0.276006	4.806835	0.0000

从回归结果可以看出，资本投入、劳动力投入、各城市的研发人员投入的回归系数均为正数，且5%的显著性水平情况下，各变量的t值均比较

大，说明各变量通过了t检验，且资本投入、劳动力投入、研发人员投入因素对经济增长有显著性促进作用，但程度不同。根据表3-12的结果，研发人员对九座城市的经济增长均有不同程度的促进效果，其中研发人员投入对上海市经济增长的影响最大，弹性系数为1.03，表明研发人员全时量每增加1%，上海市的GDP就增长1.03%；同样上海市的截距项也最大，说明在九城市中其经济增长受到除资本投入、劳动力投入、研发人员投入以外的总和因素影响效果最大。杭州市的研发人员投入的弹性系数约为0.79，位于九座城市第二。苏州市作为九座城市中研发人员投入水平最高的城市，其研发人员对经济增长的弹性系数却位于中下水平，说明研发人员投入存在一定的浪费，宣城、湖州、芜湖、金华的弹性系数最低，说明这四座城市的研发人员投入对其经济的促进作用较小。

具体来看，上海市的弹性系数最高，且远远大于其他八座城市，这是由于上海市大力实施创新驱动发展战略，近年来大力人才引进，同时上海市拥有全国最高水平的研发活动基础，能够为科研人员创造一个最优的研发氛围，且上海市具有九座城市中最高的吸引力，可能产生一定的“虹吸效应”，吸引长三角G60科创走廊九座城市中最顶尖的人才，因此能够最大限度地发挥科研人员的效率，同时成熟的专利申请制度也能促进科研成果的高效转换，因此研发人员投入能对GDP产生较大的促进效果。苏州市的研发人员投入强度达到3.0，处于九座城市的最高水平，但研发人员投入对经济增长的投入效果远不及上海市与杭州市，可以从以下几个方面分析：一方面可能是由于研发人员投入存在一定的滞后性，难以较快对经济增长发挥显著的效应。另一方面，苏州市的研发人员由于研发人才管理机制问题，如流动性大可能会导致人才频繁流向周边其他更具吸引力的城市，造成研发效率低，从而影响经济发展。虽然杭州市的研发人员投入强度不及苏州市，杭州市的研发人员投入对地区经济增长的投入系数位列九座城市第二，仅次于上海市，这可能是因为近年来杭州市致力于引进各行业顶尖人才，而这样的顶尖人才能够创造更优质的创新成果，对企业乃至整个行业产生的创新效果都是颠覆性的，因此对区域经济的带动作用也较强。嘉兴市研发人员投入水平处于九座城市中的中下游，但其对经济增长的促进作用却较为突出，这可能是区位优势发挥了很大的作用，嘉兴市毗邻上海、苏州和杭州三市，各市的研发人员能产生较强的溢出效果，交通的便利使得人才的跨区域流动更加频繁，嘉兴市也因此获益。合肥市虽然为安徽的省会城市，但是其研发人员的投入强度却比较低，对经济增长的促进效果也不及杭州、苏州。湖州市和金华市的研发人员投入强度较低，虽然与嘉兴市水平相当，但可能由于没有类似嘉兴良好的区位优势，受到外部的溢出效应不显著，研发人员投入较低、自主研发活动弱造成了对经济增长的驱动效果不显著。宣城市的研发投入产出比较低，其研发人员投入较少，创新活动的环境弱，研发活动弱，对经济的促进效果较差。而芜湖市研发人员的投入强度较高，但是其对经济增长的促进效果却很低，可能是由于芜湖市虽然加大了研发人员的投入，引进了大量研发人员，但研发人员投入对经济增长存在一定的滞后性，对经济增长的促进作用还未完全显示出，且研发经费投入跟不上研发人员的投入，城市没有形成良好的研发活动环境，科研人员的利用率较低，对 GDP 的影响不明显。

综上所述，长三角 G60 科创走廊城市群的九座城市的研发人员投入对经济增长均有一定的促进效果，但是不同城市的差异非常大，这与不同城市的人才引进政策息息相关，且实施人才政策不仅要引进普通科研人员，更要引进行业顶尖的、高学历的人才，充分发挥人才的利用效率，从而使得研发人员的投入产出比更高。

三、空间计量实证分析

研发投入的特征之一为溢出性，在考虑研发投入对长三角 G60 科创走廊经济的影响的同时要考虑到存在溢出效应。本章通过空间计量模型实证分析研发经费及研发人员对长三角 G60 科创走廊经济增长是否存在空间性。

(一) 空间相关性

在运用空间计量模型分析研发经费投入以及研发人员投入对长三角G60科创走廊经济增长的影响前需要检验是否存在空间相关性。空间相关性指两地区之间的变量是否会因为距离而产生相关性，因此本章选取地理距离空间权重矩阵 Wij，定义如下：

$$W_{ij} = \frac{1}{\sqrt{(x_i - x_j)^2}} \quad (i = j \text{ 时}, \ \omega = 0) \tag{3-12}$$

本章采用空间全局莫兰指数与局部莫兰指数来证实各区域间的相关程度，首先进行全局莫兰指数检验，公式如下：

$$\text{Moran's I} = \frac{\sum_{i=1}^{n}\sum_{j=1}^{n} W_{ij}(Y_i - \overline{Y})(Y_j - \overline{Y})}{S^2 \sum_{i=1}^{n}\sum_{j=1}^{n} w_{ij}} \tag{3-13}$$

其中，$S^2 = \sum_{i=1}^{n}(Y_j - \overline{Y})/n$；$\overline{Y} = \sum_{i=1}^{n}\frac{Y_i}{n}$，$W_{ij}$为空间权重矩阵中第（i，j）个元素，$Y_i$、$Y_j$ 分别为第 i、j 个地区的观测值，$\overline{Y}$ 为观测值的平均值，n 为城市总数。表 3-13 为 2010～2019 年 GDP 的莫兰指数数值表。

表 3-13　2010～2019 年 GDP 全局莫兰指数数值

年份	Moran's I	Z 值	P 值
2010	-0.024	1.726	0.042
2011	-0.027	1.619	0.053
2012	-0.027	1.570	0.058
2013	-0.028	1.587	0.056
2014	-0.029	1.582	0.057
2015	-0.036	1.445	0.074
2016	-0.041	1.379	0.084
2017	-0.042	1.356	0.088
2018	-0.047	1.296	0.097
2019	-0.049	1.252	0.105

由表 3 – 13 可知，在 10% 的显著水平下，除了 2019 年以外，2010 ~ 2018 年 G60 地区 GDP 的 Moran's I 指数均通过了显著性检验，因此可以说明 G60 科创走廊的经济增长存在显著的空间虹吸效应。

以下为局部空间自相关检验。本章以 2010 年和 2019 年为例，对九城市的 GDP 进行局部空间自相关性检验，绘制出图 3 – 3 和图 3 – 4。

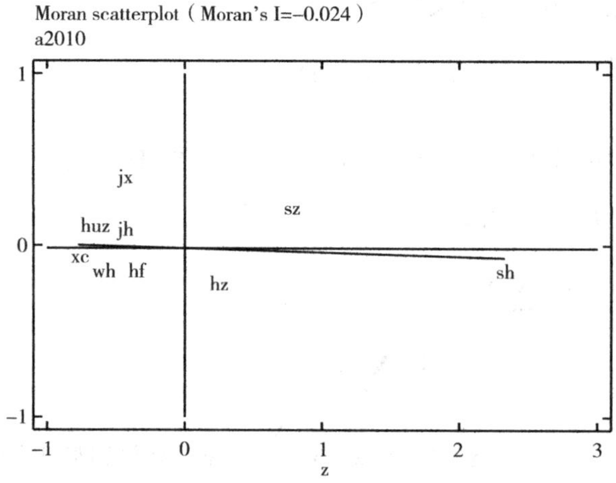

图 3 – 3　2010 年 GDP 的莫兰指数散点图

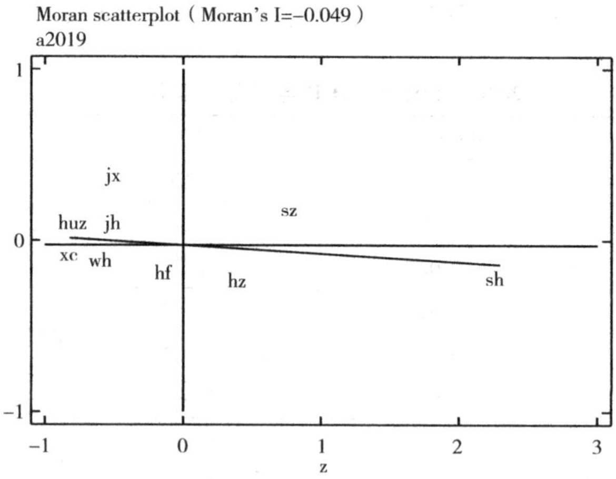

图 3 – 4　2019 年 GDP 的莫兰指数散点图

注：sh 为上海，sz 为苏州，hz 为杭州，huz 为湖州，jh 为金华，jx 为嘉兴，hf 为合肥，xc 为宣城，wh 为芜湖。

基于莫兰指数散点图可以看出，无论是2010年还是2019年，在九个城市中，多数城市的GDP都处于第二象限和第四象限之中，这意味着GDP在九座城市范围内具有高值与低值聚集或低值与高值聚集的空间特征，表明其存在空间虹吸效应，该结果与全局莫兰指数分析结果基本一致。

（二）空间计量模型选择检验

常用的空间计量模型有空间自回归模型（SAR）、空间误差模型（SEM）和空间杜宾模型（SDM）。Hausman检验结果表明，拒绝选用随机效应的原假设，因此无论基于研发经费投入作为解释变量还是基于研发人员投入作为解释变量都应该使用固定效应模型。同时LR检验结果显示，在SAR、SEM和SDM中，应该使用SEM模型进行结果解释。因此最终确定选用固定效应SEM模型。空间误差模型（SEM）可以表示为：

$$Y = \beta X + \varepsilon$$

$$\varepsilon = \lambda W + \mu \qquad (3-14)$$

其中，Y为因变量，X为解释变量，β为X对Y的影响，ε为随机误差，λ为空间误差系数，μ为正态分布随机误差向量，W为空间权重系数矩阵。因此，在前面的面板数据模型的基础上建立空间面板计量模型，以研发经费支出作为解释变量的空间误差模型和以研发人员投入作为核心解释变量的空间误差模型可以分别表示为：

$$\ln Y_{it} = c + c_i + \alpha_i \ln K_{it} + \beta_i \ln L_{it} + \theta_i \ln RJ_{it} + u_{it} + \varepsilon_{it}$$

$$\varepsilon_{it} = \lambda W_{ij} \varepsilon_{it} + \mu_{it} \qquad (3-15)$$

$$\ln Y_{it} = c + c_i + \alpha_i \ln K_{it} + \beta_i \ln L_{it} + \gamma_i \ln RR_{it} + u_{it} + \varepsilon_{it}$$

$$\varepsilon_{it} = \lambda W_{ij} \varepsilon_{it} + \mu_{it} \qquad (3-16)$$

其中，λ为空间滞后相关系数，用来衡量空间溢出效果；W_{ij}为空间权重矩阵，θ_i为研发经费对GDP的影响，γ_i为研发人员对GDP的影响，ε_{it}为随机误差项。

（三）空间计量模型实证结果

根据前述模型，分别以研发经费和研发人员作为解释变量来进行回归分析，结果如表 3－14 所示。

表 3－14　　两种核心解释变量下的 SEM 模型回归结果

系数	以研发经费作为解释变量的 SEM 模型	以研发投入作为解释变量的 SEM 模型
θ/γ	18.7992*** (38.74)	676.1884*** (7.91)
α	0.5877*** (10.42)	0.8761*** (4.35)
β	0.4365 (0.37)	24.0804*** (7.58)
λ	0.2735* (1.77)	0.3531** (2.11)
R^2	0.9797	0.9307
log－L	－659.0402	－765.6215

注：参数估计值下面括号内为 t 检验值，***、**、* 分别表示在 1%、5%、10% 水平下显著。

由表 3－14 可知，以研发经费投入作为自变量时，资本投入和研发经费投入对 G60 地区的经济增长有显著正相关关系，其中研发经费投入贡献度最大，资本投入相对较小，空间误差系数 λ 为 0.2735，说明邻近城市的随机误差会对本城市的经济增长有一定的影响。当以研发人员投入作为自变量时，资本投入、劳动力投入和研发人员投入均对长三角 G60 地区的经济增长有显著正相关关系，其中研发人员投入的贡献度最大，同样邻近城市的随机误差会对本城市的经济增长有影响。

根据空间计量模型的实证结果，研发经费投入与研发人员投入对长三角 G60 地区经济增长影响的同时，GDP 在空间上呈现明显的空间溢出性。空间误差模型的结果显示，研发经费投入和研发人员投入均对 G60 地区的经济增长具有显著正相关效果，同时会对周围的城市产生一定的溢出效应。其可能的原因是研发投入各个要素存在一定的溢出性，当一个城市的研发经费或者研发人员投入增加时，通过研发活动发明的新技术与新专利不仅对当地的劳动生产率有所促进，还会带动周边城市的劳动生产率的提高。近年来，由于交通更加便利，各大城市之间的高铁极大缩短了城市间的距离，使得各种研发要素能在区域内更加快速地流通，从而能够产生强大的溢出效应，对周边城市的辐射能力大大加强。例如，嘉兴市研发活动并不强，由于区位上的优势毗邻上海、苏州、杭州，三座城市强大的溢出效应同样驱动了嘉兴市的经济发展，因此不能忽略研发投入所产生的空间溢出效果，这对于区域内各城市制订相应的创新驱动发展战略也有一定的帮助，即可以通过分析溢出效应来制订更加合适的研发经费与研发人员投入，从而高效利用资金和人才资源。

（四）稳健性检验

为了检验上述回归结果是否可靠，将自变量研发经费投入替换为研发经费强度，将研发人员投入替换为研发人员强度，分别以研发经费强度和研发人员强度作为核心解释变量重新进行回归分析，其结果为研发经费强度和研发人员强度均对长三角 G60 地区的经济增长有显著正相关效果，说明上述结论是稳健的。

五、小结

本章基于内生经济增长理论建立拓展的柯布—道格拉斯生产函数分别验证研发投入活动的作用。根据长三角 G60 科创走廊城市群 2010 ~ 2019 年的面板数据来研究研发经费投入和各城市经济增长之间的关系。其主要步骤为：（1）基于扩展的柯布—道格拉斯模型，对长三角 G60 科创走廊城市群数据回归分析得出选择固定效应变系数模型；（2）对面板数据用 EViews 10 进行单位根检验，lnY、lnK、lnL、lnRJ、lnRR 的一阶差分均为平稳序列；（3）对面板数据进行协整检验，结果显示 lnY 与 lnK、lnL、lnRJ、 lnRR 均存在长期均衡关系；（4）运用 EViews 10 进行固定效应变系数模型的回归分析，分别分析研发经费投入与研发人员投入对 G60 地区经济增长的影响；（5）建立空间面板数据模型衡量研发经费投入与研发人员投入对长三角 G60 地区经济增长是否存在溢出效应。

结果表明，研发经费投入和研发人员投入对九座城市均有不同程度的贡献效果，可以说明研发投入活动对长三角 G60 科创走廊九城市的区域经济增长有较大的贡献。对各个城市的弹性系数进一步进行分析，可得出一般研发经费投入产出弹性越高的地区其研发人员的产出弹性也越高，弹性系数较大的地区主要集中在经济水平较高的地区，由此推断经济水平较高的城市研发投入活动对经济增长的促进作用要显著高于经济水平相对较低的城市，说明经济水平较高的城市对研发成果的转换也具有相当大的优势。根据空间计量模型的实证检验得出研发经费投入和研发人员投入对长三角 G60 科创走廊的经济增长有显著正效果，且存在明显的空间溢出性，因此越邻近城市的研发活动的辐射能力越强，研发投入对周边城市的溢出效应也越大。

第四节　结论与政策建议

一、主要结论

本章通过实证研究，探究了研发投入与长三角 G60 科创走廊区域经济增长之间的关系，对研发投入对经济增长的影响机制进行了探索，结合长三角 G60 科创走廊自身的特点，可以有针对性地制订有效的政策措施，更好协调 G60 科创走廊城市群内部与研发相关的经费与人员结构，提高区域研发投入的产出效率，缩小区域内城市的经济差距。同时也可以根据研究结果指导其他类似城市群增强其区域创新能力，帮助我国经济实现更高质量的发展。

（1）从宏观角度上来看，目前长三角G60科创走廊地区的研发活动2010~2019年逐年增强，无论是研发经费投入、研发人员投入量，还是研发经费投入强度、研发人员投入强度，区域内九座城市均呈现逐年上升的趋势，且研发活动水平远远高于我国的其他省区市，处于长三角区域的领先水平。

（2）从区域层面上来看，长三角G60科创走廊城市群九城市的地理位置、资源禀赋、政策导向及经济发展水平之间存在较大的差距，且各城市之间存在一定的壁垒，因此长三角G60科创走廊之间的研发投入活动的空间分布差异也较为明显，总体呈现非均衡发展状况，无论是研发经费投入还是研发人员投入，经济发展的核心城市均占有明显的优势。上海市和苏州市等经济发展水平高的城市，拥有更完备的科研设备以及更丰富的科研人才，占据了更多创新资源，研发活动较强，而经济水平较低的芜湖市、宣城市由于基础设施较差，创新资源较少，研发活动较弱。杭州市作为长三角G60科创走廊城市群中研发投入水平最高的城市之一，其研发经费投入对促进经济增长的作用最为显著。上海是长三角G60科创走廊的核心地区与策源地，对城市群一体化的高质量、高水平发展有着至关重要的作用，其研发经费投入对经济增长的贡献也较大。苏州市与合肥市作为长三角地区经济发展的核心城市，对周围城市的辐射驱动影响也较为显著。

（3）从空间布局来看，研发活动存在明显的空间溢出性，越邻近城市研发活动的辐射能力越强，研发投入对周边城市的溢出效应也越大。上海、杭州、合肥、苏州等龙头中心城市创新驱动水平显著高于其他几座城市，这四座城市研发投入水平在长三角G60科创走廊城市群中处于领先，同时在空间上呈现出明显的集聚效应，组成了长三角G60科创走廊九城市的核心城市群，能够辐射其他五座城市，通过规模效益推动其他地区产生联动推动作用，且地域上越邻近的城市更加具有相对优势，进而促进整个长三角G60科创走廊地区经济一体化发展。

二、政策建议

长三角G60科创走廊作为长三角地区最重要的经济区域，为促进一体化高质量发展，打造科技引领、创新制度驱动、资源合理调配、九城市各产业协调发展的先行先试走廊，根据理论分析和实证研究结果，从战略引领、研发投入、产学研机制等方面提出以下建议，以构建和形成面向未来科技发展和城市群功能跃迁的系统性战略布局。

（1）强化政府战略引领。一体化发展，体制机制是关键。未来提升长三角G60科创走廊在世界经济格局中的能级和水平，应构建区域一体化的新体制，强化一体化制度建设战略框架，把内生于发达市场的竞争政策作为推进区域市场一体化高质量发展的手段和机制，为区域内部创新合作提供统一规范。以一体化的思路和举措打破沪苏浙皖九城市利益壁垒，完善区域创新链、产业链、供应链共建、资源互通、成果共享等合作机制。九城市政府应聚力服务于现有的国家战略，先行先试，根据全球产业链、价值链、供应链以及国家对长三角地区的发展定位、发展方向以及产业结构特征，对长三角G60科创走廊创新协同的制度架构进行积极推进，对科技创新共同体顶层设计进行积极布局积极探索，寻找技术创新和产业崛起的新途径，建立创新资源协同共享机制。建议进一步提升现有长三角G60科创走廊联席机构层级，探索构建起有效协同“政产学研”各类关键创新资源的理事会机构，在着力促进要素市场一体化发展方面加大工作力度，在资源配置方面把握好边界，为科创走廊良性运作提供保障，实现长三角G60科创走廊地区经济的一体化高质量发展。

（2）合理调配区域内研发经费投入。研发经费投入对长三角G60科创走廊地区的经济增长有着良好的促进作用，但研发经费的投入还存在明显的缺陷。一方面，研发投入经费总量不足。虽然长三角G60科创走廊城市群的研发投入经费在长三角地区甚至全国都位列前茅，但仍与发达国家的研发经费投入存在一定的差距，且目前处于规模效应递增阶段，仍需要不断投入通过规模效应最大化地利用好研发经费投入。另一方面，区域内的城市研发经费投入差距过大。区域内经济水平相对较弱的城市无论是研发经费投入总量还是研发经费投入强度都远远低于核心城市，不利于区域内城市经济协调发展。合理调配研发经费支出显得尤为重要。为消除各城市间的行政壁垒，建议政府可以进行跨区域对科创项目进行投资，使长三角 G60 区域内研发活动协调发展，同时也需要对创新资源较为缺乏的城市加大研发投入力度，尽可能降低区域内城市研发水平的差距，这也有利于加强上海市创新龙头辐射效应，共同发挥苏浙皖其他八个城市创新比较优势，缓解目前区域内城市研发投入不平衡的局面，通过核心城市形成的规模经济对周边的其他城市产生溢出效应，构建创新要素一体化市场体系。

（3）制订有效的人才引进政策。长三角 G60 科创走廊城市群的科研人员数量无论在全国范围内还是长三角地区都是处于较高的水平，而且历年的增长率均远远高于全国的平均水平，研发人员投入量占劳动力人口的比重也是逐年稳步增长，这些都得益于九座城市的人才引进政策，如通过大量的资金支持以及为人才提供生活津贴等。但根据实证分析的结果，研发人员的投入对经济增长的促进效果并不相同，在一定程度上说明长三角 G60 科创走廊城市群的研发人员投入存在的问题，如引进人才的效率问题，各城市的人才政策相互独立，且各城市之间存在行政壁垒，导致区域内的人才流动性较差，没有完善的人才协作机制使得区域内的科技人员合作。大城市具有更完备的人才政策从而吸引了大量的人才，如上海市、杭州市等会出现人才“虹吸效应”，造成长三角 G60 科创走廊区域内的人才分布出现极化现象，大城市的人才可能存在过剩而小城市的人才却不足。上述问题均有可能造成研发人员的效率不足或者研发人才的浪费，不利于区域经济发展。需要九城市政府部门共同努力制订完善的长三角 G60 科创走廊区域内整体的人才吸引计划以及人才流动机制，完善科创走廊间交通网络布局，利用边界的交通实现人才在区域内更快的流通，从而打破各城市的边界效应，以开放的姿态吸引区域外的科技资源或者技术人才进入长三角G60科创走廊区域内，促进长三角G60科创走廊九城市的研发资源分配与整合，打破区域间的非自然壁垒，高效发挥创新资源集聚叠加优势，实现九城市创新生态一体化发展的新局面。

（4）调节高效研发投入结构。通过历年九城市研发投入的数据样本可以看出，研发经费投入与研发人员投入在不同的城市对经济增长会产生不同的效果，因而研发投入的结构就至关重要。目前长三角G60科创走廊区域的研发投入结构存在一定的缺陷，研发经费投入与研发人员投入的比重没有得到很好的平衡，部分城市的研发人员投入对其经济不仅没有促进作用，反而产生抑制作用，而研发经费的投入对经济增长的产出弹性也远大于研发人员投入，因此如何平衡好两者之间的关系显得尤为关键。同时，按投入类型分，长三角G60科创走廊城市群中的基础研究的经费所占研发投入的比重较低。建议完善研发资源配置的合理体系，实现研发投入的高效转换。同时通过政策引导，对区域内的高校、研发机构与企业投入更多的资金支持，增大基础研究的投入比重。同时出台更多的优惠补贴政策，提高各单位的自主能动性，鼓励各单位进行自主创新的研发活动，并且针对重点的高科技行业进行重点投入，提高创新成果的产出比，进而带动整个长三角G60科创走廊经济的蓬勃发展。

（5）建立完善系统的产学研协同机制。科创走廊高效发挥作用的动力在于高校、企业、市场与创新技术之间的合作与互补，通过市场间自下而上的运作、政府积极有力的调控，有利于各城市的创新资源充分发挥作用，对科创走廊一体化建设提供基础保障，搭建出系统性的城市群创新发展新格局。积极探索形成跨省市协同创新的顶层制度框架，围绕共同目标、参与成员、网络结构、运行机制和形成基础等构成要素，打破城市间行政壁垒，促进长三角一体化和国际化的创新规则体系建设。产学研体制机制是实现创新一体化发展的关键，为区域内部创新合作提供统一规范，以产学研一体化的措施破除沪苏浙皖九城市之间存在的行政壁垒与垄断，打造九地市间形成创新产业链共建，创新资源共用，创新成果共享的创新一体化互通互利机制，促进创新资源的多向流动。为了实现长三角G60科创走廊的良性发展提供体制支持，着重推动创新要素一体化发展，把握好创新资源的合理分配，尽快搭建起长三角G60科创走廊创新资源整合机构，充分完善现有长三角G60科创走廊联席机构层级，实现产学研相融合的新型创新一体化生态机制构建。

第四章

产学研社会网络对长三角区域创新绩效影响

本章以集成电路产业的实证分析为例，采用国家知识产权局官网专利信息数据，分析产学研社会网络特征对我国及长三角区域创新绩效影响。结果表明，结构洞数量能促进主体创新绩效。全国和长三角一体化区域网络关系强度对创新绩效的影响并不一致。集成电路产业产学研网络存在群聚子网络，造成集聚的“富人俱乐部”现象，整体网络连通性较差。最后基于实证分析结果，从政府、行业、企业等不同层面提出相应的对策建议。

第一节　引言及文献综述

一、研究背景

全球“缺芯潮”越演越烈，其背后衍射出国际集成电路产业链运转不足。2020 年 7 月，国务院出台促进集成电路产业（IC 产业）发展的专项政策，从财税、投融资、研究开发、人才、知识产权、国际合作、市场应用等方面为集成电路产业发展注入强大的动能。随着 5G、人工智能、物联网时代的到来，全球集成电路产业进入重大转型和变革期。美国、日本、欧盟等发达国家和地区也相继出台各类扶持产业发展政策以促使本国在全球半导体产业中占据战略地位。国际集成电路产业的“摩尔定律”揭示了该产业进步的速度。知识密集、产品更新迭代快、技术壁垒高表征集成电路产业是最能反映知识经济特征的高新技术产业之一。自 2015 年起，我国集成电路产业进口额已连续 6 年超过石油，且两者的差距正在不断拉大，到了 2020 年，集成电路进口总额为 24207 亿元，同比增长 14.8%，进口规模超过石油一倍，仍是国内进口规模最大的行业（数据来源于《中华人民共和国 2020 年国民经济和社会发展统计公报》）。疫情重创下的国际供应链及紧张的中美关系导致美国对中国以集成电路为代表的高科技行业发展的遏制，致使全球“缺芯潮”越演越烈，芯片数量供不应求，影响到人们生活的方方面面。目前，我国的集成电路产业仍处于跟随和学习的阶段，自主关键技术自给率低，提高集成电路产业的创新绩效、突破这一领域的关键核心技术，迫在眉睫。

传统封闭式创新时代，组织难以获取外部最新信息，创新发展缓慢。知识经济时代，进入开放式创新模式，组织打破原有的边界，高效整合内外部资源，继而提升创新绩效。组织选择开放式创新模式获得异质性与非冗余性资源，提升创新绩效。学研机构于企业而言在研发能力与人才方面拥有相对优势。企业于学研机构而言，对市场需求的洞察更敏锐，使得产学研合作能提升创新成果转化率达成双赢。党的十九大报告中指出，要建立产学研深度融合的技术创新体系，以企业为主体、市场为导向，促进技术转移。企业与学研机构之间形成了以技术创新为导向，信息双向流动与共享的创新网络，创新主体在创新网络中进行交流、共享、转换知识与资源。因此，主体以何种形式的网络特征在网络中获取最大程度的资源，进一步提升主体创新绩效，已引起了社会网络中各个组织的关注。

本章以企业和学研机构等组织相互合作申请的专利为依据，构建产学研合作网络并进行演化分析，探究主体网络特征中的网络位置与关系强度对于主体创新绩效的影响，有助于政府制定相关的产业政策以提高组织的创新绩效，也有助于国家在集成电路产业“卡脖子”技术上不被其他国家遏制，保障国家安全。

在国家区域发展总体战略布局中，长三角一体化发展紧扣了全国发展强劲活跃增长极、改革开放新高地的战略定位。长三角IC产业聚集程度高、封测业占主导地位，IC产业规模约占全国1/2，且长三角地区科教资源丰富，利于企业与高校及科研机构之间的合作。同时，在2021年《上海市战略性新兴产业和先导产业发展“十四五”规划》中提出要形成以集成电路、生物医药、人工智能三大产业为核心的“9+X”战略性新兴产业。通过对长三角IC产业的产学研网络特征的分析，以期能为长三角一体化发展提供相关的政策建议。

二、理论基础及概念界定

（一）社会网络理论

社会网络理论是指在社会情境下，不同的社会主体由于相互间的交流、接触等所形成的关系和纽带，这一理论最早由英国著名学者布朗提出，随后引起众多学者的关注。目前，关系强度、结构洞、社会资本这三大理论已成为社会网络理论主流理论。

1. 关系强度理论

关系强度理论由格兰诺维特于1973年提出，他将关系分为强关系和弱关系，论证了弱关系在社会网络中的桥梁作用，并于1985年对其理论进行完善，指出强弱关系在信息交互时的不同作用。强关系是基于双方之间的相互信任，从而保障彼此间的稳定沟通和合作，传递复杂、隐性的信息与知识，但这些资源有时也会表现出冗余度过高，而弱关系在网络中主要表现为桥梁的作用，增进网络中主体进行知识和信息的共享，获得更多的资源，这两种关系构成了关系强度理论。

2. 结构洞理论

结构洞的概念由Burt于1992年提出，指社会网络中，两个主体之间产生联系的其他社会主体所占据的非冗余位置，即“中间人”的角色，处于结构洞位置的主体，由于掌握着“信息获取”和“控制信息”的能力，能够获取更多优质的网络资源和收益回报，从而具有更大的竞争价值。关系强度理论与结构洞理论之间也存在关系，结构洞所占据的位置即为两个主体之间的弱关系连接，结构洞理论在社会网络理论中更注重个体所占据的位置以及自身的资源情况。

3. 社会资本理论

法国学者 Bourdieu（1984）首先提出社会资本概念，林南通过对关系强度理论推广，提出了社会资本理论，即社会网络中的各项组织资源不为个人所拥有，需要靠社会关系来获取。社会资本是指个人在某主体中所产生的价值，即个人借助其主体所拥有的社会结构资源，且个人所在的网络越多、规模越大，其拥有的社会资本越丰富、越具有异质性。社会资本即为社会网络中的组织联结其他组织获取稀缺性资源，促进组织创新绩效提升，同时基于社会网络中各个主体之间的依赖性，社会资本能强化各方的这种依赖性，使其按照社会网络的特征和方式开发新的合作伙伴，进而增加社会资本。

（二）集成电路概念界定

集成电路是 20 世纪 50 年代左右发展起来的一种新型半导体器件。Kilby 和 Noyce 于 1958 年分别发明锗和硅集成电路，相较于现今集成电路的尺寸来讲，体积相当庞大，但已初步形成集成电路的雏形。集成电路采用半导体制造工艺，将拥有特定功能电路所需的晶体管、电阻和电容等元件及导线集成在半导体晶片上，进行封装的微型半导体器件。随着产业技术的进步，特别是封装测试业的技术发展使得集成电路尺寸越来越小。集成电路产业已经从最开始的 10 微米量级发展到现在的 7 纳米级别，正朝着 5 纳米量级的进程发展。集成电路分类方式多样，目前有按功能结构、制作工艺、集成度高低、导电类型、用途、应用领域、外形等进行分类，主流分类按功能结构划分为模拟、数字和混合集成电路三大类。集成电路技术包括设计、制造、测试封装。IC产业的分工模式主要有两种：一是整合设备生产模式（IDM模式），该模式企业需要覆盖IC产业发展的全产业链；二是垂直分工模式，该模式表明从设计、制造到测封，都是由不同的公司进行加工完成。基于集成电路产业不同的生产模式，难以区分细分产业的创新绩效，本章对集成电路产业的研究基于其设计、制造和测试封装的全过程。

三、文献综述

（一）产学研合作网络相关概念

1. 产学研相关概念

产学研的概念由来已久，即产业、学校、科研机构三者之间的合作，从而形成以产业为主要目标的研究、开发、生产一体化的组织知识库的系统。于天琪（2019）认为产学研合作不仅仅只是企业、学校、科研机构之间遵循特定的原则合作，更重要的是构建多学科、多领域交叉研究平台，开拓科技文化结合新模式。同时也有学者认为产学研能够通过合作提高彼此的创新效率，分担大规模投资成本，降低研发风险。产学研合作应遵循“利益共享、风险共担、优势互补、共同发展”等原则，是进行技术创新合作的一种经济社会活动。本章研究的产学研合作是指企业、高校及科研院所共同遵循一定的原则，通过合作提高彼此创新绩效的一种经济社会活动。

2. 产学研创新网络相关概念

在产学研合作过程中，各个主体会自发地充分使用合作网络的沟通与碰撞激发出大量的创新，这主要是基于产学研网络中的各个节点，即企业、高校、科研院所之间存在明显的异质性，使得各个主体进行互动学习交流，形成网络竞争优势，从而吸引网络外更多的节点，扩大网络规模。不同的学者对产学研创新网络的概念有着不同的理解。吴中超（2020）认为产学研创新网络是由企业、学研机构和政府等主体获取异质性知识后，进行合作创新的一种组织形式。曹霞和刘国巍（2013）从人际关系的角度来定义产学研合作网络，指出产学研合作网络是在接触或交流过程中形成的共性、非对抗性的人际关系以及所带来的附加价值。张艺等（2018）认为产学研合作主体为企业、大学、研究机构等，产学研合作网络则是这些主体在利益驱动下，构建以创新资源相互协作为目标的进行经济活动和社会活动的资源平台。本章认为产学研创新网络是由企业、高校、科研院所等之间具有异质性的创新主体在合作过程中以网络形式进行研究、开发、商业化等经济活动。

（二）IC 产业创新网络相关研究

1. 国外 IC 产业创新网络相关研究

近年来，国外对于 IC 产业创新网络的研究比较少，难以进行分类研究。Xin 等（2017）通过 1996～2015 年中国 IC 行业专利合作数据，分析得出创新合作网络演变受到市场和政策环境的显著影响，而 2001～2007 年和 2012～2015 年是中国集成电路创新快速发展的两个阶段，且合作网络的核心组织已经从原来的国外企业转变为国内企业。Siripitakchai 等（2015）研究了 IC 产业设计服务公司的伙伴关系网络，表明公司通过与各种领先的铸造厂、IP 供应商和 EDA 工具供应商结成战略联盟，以利用其技术能力，积累并创造竞争优势。

2. 国内 IC 产业创新网络相关研究

目前，国内关于 IC 产业创新网络的研究主要是从网络的邻近性以及网络的特征出发描述 IC 产业创新网络演化的相关特征。不仅如此，不同的学者对于 IC 产业发展的不同历程的划分也不尽相同，IC 产业创新合作网络具有明显的阶段性特征。

从网络的邻近性来看，于永达和闫盛枫（2017）基于 1985～2015 年 IC 行业专利的全样本数据，从地理邻近、知识积累邻近、创新环境邻近以及制度邻近进行研究，结果表明，除制度邻近外其他四个因素共同影响合作创新伙伴的选择，并对产业发展的不同阶段制定差异化的创新推动政策，制度约束对合作创新绩效的负向影响并未通过对应产学研创新推动政策存在一定的背离。刘晓燕和李金鹏等（2020）采用IC行业2000～2018年专利转让数据使用指数随机图模（ERGM），分析主体的多维邻近性对技术交易关系形成产生的影响，分别证明多维邻近性在IC产业发展的各个阶段的促进作用。产学研创新推动政策在IC产业的创新绩效可能是在最近几年内才开始对企业的创新绩效产生效果。

从网络的结构特征来看，李守伟（2018）以IC产业创新网络为样本进行研究，使用问卷调查的方式实证了知识转移对于企业创新能力的影响，以及网络中心性在其中所起的调节作用，网络中心性促进知识转移对创新能力的提升。罗鄂湘和韩丹丹（2018）用2006～2015年专利数据构建我国IC产业合作网络，结果表明，结构洞与企业创新能力呈倒“U”形关系，技术多元化起到负向调节作用。刘晓燕和李金鹏等（2020）运用动态网络和社会网络的分析方法对IC产业网络进行实证研究，表明网络中心化特征明显，呈现出以重要节点为中心，向外发散的核心结构，创新网络逐渐由外企主导演化成以中国企业为首，但高校和学研机构在此过程中的占比较低，且创新网络在此过程中不断趋于稳定。这不利于网络的异质性资源传递，抑制企业的创新绩效。

从IC产业阶段化特征来看，对于IC产业阶段化的划分主要分为起步阶段（2000～2005年）、成熟阶段（2006～2010年）、调整阶段（2011～2014年）、再生阶段（2015年至今），也有学者将其分为产业初创阶段（1965～1978年）、产业成形阶段（1978～2000年）、产业发展阶段（2001～2010年）、产业成熟阶段（2011年至今）。还有学者将其分为基础孕育期（1996～2000年）、规模扩张期（2001～2005年）、创新起步期（2006～2010年）、结构调整期（2011～2015年）。从不同学者对于IC产业阶段化演进的划分中可以看出国内IC产业阶段性突破的年限时间为5年左右。

在对于IC产业区域分布中，学者们基本上认同长三角IC产业设计业聚集程度高、封测业占主导地位，IC产业合作创新网络呈现出以长三角为核心，以环渤海、珠三角、西部地区、台湾地区为辅助的空间格局。

（三）产学研创新网络对创新绩效的相关研究

1. 国外产学研创新网络与创新绩效研究

国外产学研创新网络对创新绩效的影响研究主要集中在网络特征的中心度、关系强度、结构洞及网络的小世界特征上。

从网络中心度、关系强度、结构洞等方面研究产学研创新网络对于创新绩效的影响。Muller 和 Peres（2019）通过研究产业组织领域市场结构对于市场绩效的影响，认为社会网络结构对创新绩效有影响。Kratke（2010）使用网络中心势、网络密度、网络强度等网络特征值研究德国都市圈的专利网络结构特征。Eisingerich 等（2010）从网络开放度和网络强度两个网络结构指标进行研究，证明网络开放度和网络强度能正向促进创新绩效，但基于环境的不确定使得网络开放度和网络强度的影响效果不同。Ding 和 Xuan（2015）从中心性和结构性空洞的角度探究海洋能源研究机构的产学研合作网络，结果表明，最高中心性促进创新；中间中心性无显著影响；最小的结构性空洞对创新有促进作用。Thomas 等利用全球新能源汽车合作专利数据，构建自 1998～2010 年的创新网络并分析其演化过程，探究行业创新动态。演化结果表明，网络的开放性、国际化程度及网络密度随时间的推移不断增加，在网络位置方面，大型制造商占据网络中心位置。Fleming 等分析了 35400 名专利合作发明人的数据，发现占据结构洞位置的经纪人拥有更强的协作创造能力。

从网络的小世界特征性研究产学研合作网络对创新绩效的影响。Cao 等（2016）从网络的聚类系数和平均路径长度来研究网络的小世界特征，提出了产学研合作的“增长—异质—偏好”机制，研究发现网络的平均路径长度减小，聚类系数增加，呈“边缘—核心”的结构，网络整体的小世界特征显著。Shi 和 Guan（2016）进一步从产业的角度探究小世界特征对创新绩效的影响，通过对纳米技术专利合作数据进行研究，发现其为高集聚、低平均路径长度的小世界网络，与专利申请量呈倒“U”形结构。

2. 国内产学研合作网络与创新绩效研究

国内产学研创新网络与创新绩效的相关研究主要通过不同行业的专利

数据构建产学研合作网络，探究其对创新绩效产生的影响。但也有学者使用问卷调查数据进行探究，如利用联盟网络企业调查数据，采用结构方程和层级回归分析实证研究法，可知企业应基于产学研联盟网络中的创新体系不断提升自身创新能力；或是使用园区内企业调查问卷数据探讨网络关系强度与企业创新绩效的关系。从专利数据构建企业产学研创新网络的特征，基本上可以从网络的小世界特征性与网络特征的中心度、结构洞、关系强度等方面分析对企业创新绩效产生的影响。

从网络的小世界特征来研究不同行业产学研创新网络对于创新绩效的影响。曹洁琼等（2015）以我国ICT产业产学研合作专利为数据来源，探究网络的小世界特征—平均路径长度和聚类系数对创新绩效的影响，其创新点在于将聚类系数作为调节变量，研究了聚类系数在平均路径长度对创新绩效影响中的倒“U”形调节作用。其格其等（2016）同样对我国ICT产业专利数据进行研究，与曹洁琼等学者观点的区别在于在创新绩效的衡量上，他们使用了当期创新绩效和滞后一期的创新绩效，实证研究结果表明聚族系数、可达性分别对当期创新绩效、滞后一期的创新绩效有显著正向影响，两者的交互项显著正向影响滞后一期企业的创新绩效。吴慧和顾晓敏（2017）依托QAP方法对上海医药制造业进行深入研究，发现网络小世界特性负向影响产学研合作创新关系。从上述学者们的研究中可以看出，网络的小世界特征在不同的产业中对于创新绩效的影响是不一致的，因而对于IC产业而言，产学研创新网络的小世界特征值得研究。

从网络的中心度、关系强度、结构洞等网络特征对产学研创新网络与创新绩效的影响研究。刘国巍和阳正义（2015）基于广西的战略性新兴产业ICT产业的专利合作数据，从个体结构洞、中心度及其他网络特征分析其对知识扩散的作用。周灿等（2017）同样从中心度和结构洞的角度探讨其对创新绩效的影响，通过对国内电子信息产业的专利合作数构建网络，验证了点度中心度、结构洞对企业创新绩效的积极作用。李明星等（2020）使用江浙沪A股上市公司数据，将网络特征中的网络位置与关系强度作为自变量，采用DEA模型测度主体技术创新绩效，探讨三者之间的关系。高霞等（2019）使用ICT产业的专利数据研究产学研创新网络开放度与创新绩效之间的影响，表明研发合作开放度与创新绩效间的关系存在一个边际合作效应递减的学习效应曲线“U”形区域。李晨蕾（2017）等构建了国际研发联盟中的中国企业联盟网络，探究结构洞、网络紧密程度对创新绩效的影响及共同认知和关系强度的调节效应，发现结构洞抑制创新绩效且共同认知起到负向调节作用。曹兴等（2017）基于移动通讯终端的专利合作数，探究网络特征对技术生态位的影响，实证研究结果之一为结构洞与技术生态位“势”呈倒“U”形关系。胡欣悦等（2018）探讨了知识连接和关系强度对创新绩效的影响，以平均专利合作次数测度网络关系强度，研究结果表明，关系强度促进创新绩效产生，知识连接起到负向抑制作用。在产学研创新网络与创新绩效的影响研究中，关于网络特征的中心度、结构洞、关系强度对创新绩效影响研究主要集中在ICT产业上。

吴中超（2020）以国外产学研创新网络为研究主体，认为产学研创新网络需要以网络特征的研究为核心内容，国外产学研合作网络缺乏统一的分析框架，对产学研创新网络实证研究、网络整体研究等文献也严重缺乏。

因而，研究IC产业产学研网络特征对创新绩效的影响是对产学研创新网络实证研究的补充。

（四）文献评述

从现有的文献整理中可以看出，已有部分学者对于集成电路产业产学研创新网络进行研究，且已有越来越多的学者研究产学研创新网络的特征与创新绩效的相关关系，丰富了产学研合作网络的理论，但通过文献的梳理可以发现以下不足：

（1）对于集成电路产学研创新网络的研究主要集中在网络的邻近性及结构特征这两个方面展开研究IC产业的产学研创新网络演化趋势，较少有学者从网络位置与网络强度对于创新绩效影响的角度研究IC产业。

（2）对于集成电路产学研创新网络的研究主要使用企业的问卷数据进行研究，较少用客观专利数据进行实证研究。

（3）较多学者热衷于研究网络的小世界性对创新绩效的影响，而就网络特征中的网络位置与网络关系强度对于创新绩效的研究较少。

（4）目前对于集成电路产学研相关文献的研究主要集中在不同的行业上，从跨省域的角度研究产学研合作网络的网络特征对创新绩效的影响较少。

基于以上分析，本章的研究从集成电路产学研合作的专利数据等客观数据出发，构建IC产业产学研合作网络的网络位置、网络关系强度对于创新绩效的影响，并在此基础上研究长三角一体化区域中网络位置与关系强度对于创新绩效的影响。

第二节 IC产业产学研创新网络演化分析

一、数据来源与网络构建

（一）样本来源与选择

在信息技术、知识经济飞速发展的时代，企业、高校、科研院所等组织已趋向于突破自我边界，通过与其他组织之间的合作交流，获得异质性资源，提高组织的创新能力及优化创新转化效率。组织之间展开专利合作是产学研合作的重要形式，基于此形成非正式合作网络，为各个主体资源的获取、共享、转移等提供了重要的选择渠道。之所以选择集成电路产业作为研究对象，是因为集成电路产业是最能体现知识经济特征的高新技术企业，同时目前集成电路产业虽然已进入质变的转型阶段，但与国际先进水平仍存在较大的差距，这一产业仍具有较大的研究空间。同时，目前IC产业链主要分布在不同的长三角、珠三角、京津冀地区，故对IC产业创新网络的地域归属属性进行了匹配，从地域的角度对 IC 产业产学研创新网络进行研究。

本章使用国家知识产权局官网（https：//www. cnipa. gov. cn）中的专利检索页面搜索数据。目前已有的学者或基于 WIPO 中对 IC 产业专利分类界定或基于 IC 产业年度报告，对集成电路产业专利的研究主要以分类号 H01L（H01L 为国际专利分类，为基本电气元件中的半导体器件）为主，故本章选用分类号 H01L 作为界定 IC 产业的标识。鉴于 IC 产业是知识密集的高新技术产业，且外观设计专利技术含金量低，故在专利数据筛选上排除了外观设计专利，选择实用新型与发明专利申请。而产学研的主要主体为"公司 & 大学""公司 & 科学院""公司 & 实验室""公司 & 研究院"，故在国家知识产权局官网的专业检索页面输入"IPC 分类号 =（H01L）AND 申请（专利权）人 =（大学 AND 公司）"内容依次获得 IC 产业产学研合作的专利数量共 8260 条数据，删除只有一个主体，即名称为 * 大学 * 公司等主体，如牛津大学科技创新有限公司，同时根据专利申请号的唯一性，删除重复项，共得到 3903 条产学研创新合作数据，然后根据这些数据构建 IC 产业产学研创新合作网络。该部分数据主要运用于 IC 产业产学研创新网络的构建以及网络演化分析。

书中主体不同年份的专利数据与前面数据来源一致，输入"IPC 分类号 =（H01L）AND 申请（专利权）人 =（ ** 公司）AND 公开（公告）日 =（ **** ）"并且排除外观设计专利，选择实用新型与发明专利申请，逐步依据主体、年份获得相应的专利数量。这部分数据用于主体的创新绩效衡量，以便作为因变量，探索网络特征与创新绩效之间的关系。

（二）创新合作网络的构建

网络的两大要素为节点和连线。本章以集成电路产业为研究对象，以产学研为主体，以产学研中的公司、高校、科研院所作为网络中的节点，产学研各方之间合作的专利从而产生的关系作为连线，构建 IC 产业产学研相关网络。首先，按年限分类构建共线矩阵，利用 Excel 将出现频次大于两次的创新主体构建共线矩阵的首行和首列，依据合作的频次构建矩阵（m＊m）。之所以选择频次大于两次的主体构建产学研共线矩阵是为了排除偶尔性对研究产生影响。紧接着将共线矩阵导入 UCINET6，构建 IC 产业产学研创新网络，获取网络密度、聚类系数、网络位置中心度、结构洞等网络特征值，同时，利用可视化软件 Netdrew 绘制网络拓扑结构。

二、产业发展趋势分析

（一）专利合作趋势分析

分析集成电路产学研专利合作次数如图 4－1 所示，其总体呈现逐年递增的趋势，结合文献综述中相关学者对于 IC 产业阶段性特征和图 4－1 中的趋势，将 IC 产业发展趋势划分为四个不同的阶段：初创阶段（2000～2005 年），该阶段频次在两次及以上的创新个体 IC 产业产学研合作次数极少；发展阶段（2006～2010 年），该阶段 IC 产业产学研创新主体合作次数突破 3 位数，且呈现快速增长的趋势；调整阶段（2011～2015 年），该阶段在稳步递增的过程中出现了 2014 年较大幅度的下降；转型阶段（2016 年至今），该阶段产学研合作次数增速平稳，逐渐进入较为稳定的创新阶段。

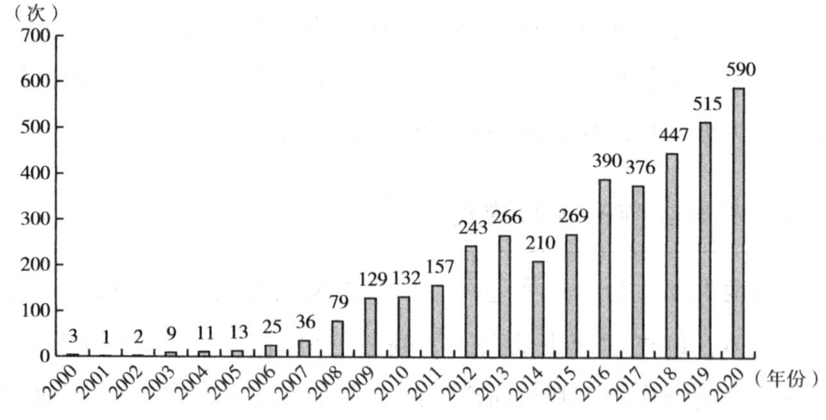

图 4－1　IC 产业专利合作次数

（二）合作主体地理趋向分析

我国集成电路产业产学研的发展在政策引导下，已有越来越多的企业参与到集成电路产业的发展过程中，使得集成电路产业产学研创新主体数量呈现出逐年递增的趋势，如图4－2所示。由于历史原因，我国大陆集成电路产业发展较发达国家和台湾地区而言较为落后。大陆集成电路产业产学研合作在初创阶段和发展阶段选择与国外或者台湾地区的知名企业或高校进行产学研合作，突破技术领域的限制，获得集成电路产业技术的创新。从发展趋势来看，如图4－2所示，国外及台湾地区集成电路产业产学研创新合作主体比例正在不断下降，大陆IC产业产学研合作创新主体比例正在不断上升，已经达到93%，说明IC产业产学研合作主体正从国外和台湾地区转向大陆。从图4－2中可以发现，长三角一体化区域IC产业产学研合作创新主体比例正在不断上升，到目前已占据全部创新主体的43%，这也是笔者将在集成电路产业创新网络的基础上进一步研究长三角一体化区域IC产业创新网络的原因之一。

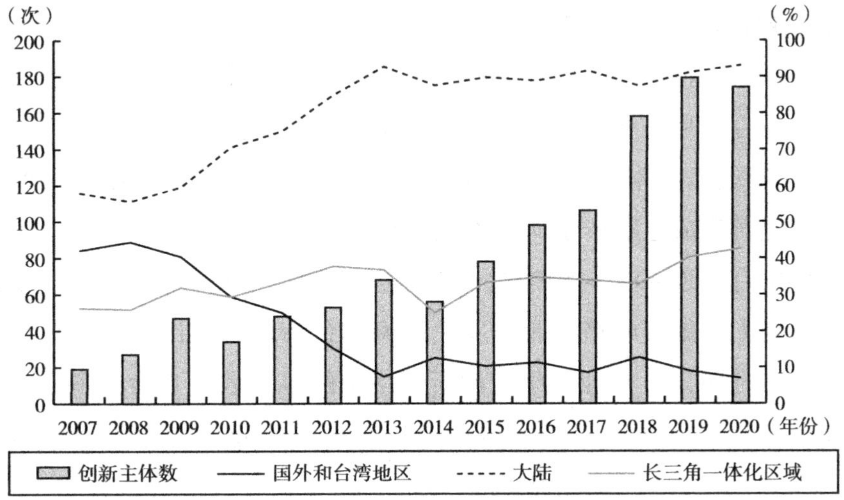

图4－2　不同区域IC产业产学研创新主体趋势

(三) 产业发展政策分析

如表4-1所示，集成电路产业受到国家政策的支持始于2000年，也是从2000年开始有少数企业开展了IC产业产学研合作网络。创新网络的形成和发展受到各方面因素的影响，如政策、行业、经济等。从IC产业产学研专利合作次数来看，集成电路产业的技术能力正在稳步提升，网络主体的创新能力也正在进一步提升。因而，本章基于前面对IC产业产学研创新网络阶段的划分，对于2000年、2006年、2011年、2016年这四个时间节点分析IC产业产学研创新网络的历程。

1. 初创阶段（2000~2005年）

2000年，国务院出台了首项鼓励集成电路产业发展的政策，具有重大意义。该时间段的集成电路产学研合作一直处于一次性、偶发的状态，产学研合作次数及创新主体的个数都很少。这段时间内，国内集成电路产业发展基础薄弱、各方主体的创新能力不足，使得网络节点松散，难以按年构建IC产业产学研创新网络，这就是集成电路产业初创阶段的产学研网络的特征。

2. 发展阶段（2006~2010年）

自2005年国家提出对符合条件的IC产业各阶段企业的研发资金采取无偿资助的方式后，集成电路产业产学研合作的创新主体数量不断上升，截至2009年创新主体的数量达到49个。该阶段由于大陆集成电路产业基础薄弱，此时集成电路产学研合作的主体大多分布在国外及台湾地区，其创新主体中有将近40%~50%的主体都是台湾地区和国外相关企业或者是高校，说明大陆集成电路产业与发达国家和台湾地区相比，仍存在较大差距。在这一时期，IC产业产学研创新网络中的节点数量开始增多，主体之间的联系增强，且网络中占据中心位置的主体主要分布在国外及台湾地区，IC产业创新网络开始进入发展期。

3. 调整阶段（2011~2015年）

2007年，中国产学研合作促进会的成立及2011~2015年集成电路产业一系列政策的出台（见表4-1），不仅将产学研合作不断向前推进上升到国家高度，并且对于集成电路产业的发展财税、投融资、研发、知识产权等7个方面提供支持，出台集成电路产业发展的指导文件。在这个阶段，集成电路产业发展速度加快，主体的创新能力增强，产学研合作主体从国外以及台湾地区为主，转向以大陆为主，创新合作网络规模不断扩大，各个创新主体的能力不断提升，专利合作频次不断增加。同时也要注意到在2014年IC产业产学研合作的次数以及创新主体的数量有一个较大幅度的下降，原因可能为我国集成电路产业在政策和市场推动下，整体实力显著提升，但集成电路产业不同阶段发展水平差距较大，技术壁垒较高的设计与国际先进水平有较大的差异，测试封装技术逐步接近国际领先水平，产业发展进入“瓶颈”期。因而，集成电路产业进入了调整期，产学研创新网络也有一定的调整。

4. 转型阶段（2016年至今）

2016~2020年，国家共出台6份文件支持集成电路产业发展。区分集成电路生产企业和设计企业在税收上的优惠政策，调整产业向高质量方向发展。将集成电路装备、设计及服务分别列为国家科技重大专项、战略性新兴产业重点产品及服务，对集成电路产业链的不同阶段出台针对性政策，促进集成电路产业高质量发展。在2020年的若干政策中，增加了国际合作这一优惠政策进一步鼓励集成电路发展。同时，这一时期网络中创新主体数量不断上升即网络规模不断变大，表明国家政策引导集成电路产业发展向高质量方向进行且行业规模不断扩大，因此，集成电路产业产学研网络已进入向高质量发展的转型期。

表4-1　　　　集成电路产业国家政策汇总

年份	政策文本	主要内容	主要阶段
2000	《国务院关于印发鼓励软件产业和集成电路产业发展若干政策的通知》	鼓励IC产业发展的首项政策，意义重大	初创阶段
2001	《集成电路布图设计保护条例》	保护IC图设计的专有权，鼓励IC技术的创新	初创阶段

续表

年份	政策文本	主要内容	主要阶段
2005	《集成电路产业研究与开发专项资金管理暂行办法》	无偿资助研发资金，规范管理集成电路研发专项资金	初创阶段
2011	《国务院关于印发进一步鼓励软件产业和集成电路产业发展若干政策的通知》	提供财税、投融资、研发开发、进出口、人才、知识产权、市场七个方面的优惠政策	调整阶段
2011	《集成电路产业“十二五”发展规划》	“十二五”时期，IC产业发展的指导性文件，加强了行业管理的基础	调整阶段
2014	《国家集成电路产业发展推进纲要》	突出企业主体地位，设立各类IC投资基金，减少融投资压力	调整阶段
2016	《关于软件和集成电路产业企业所得税优惠政策有关问题的通知》	再次从税收政策上支持集成电路设计行业的发展	转型阶段
2016	《关于印发“十三五”国家科技创新规划的通知》	将集成电路装备等列为国家科技重大专项，发展关键核心技术	转型阶段
2017	《战略性新兴产业重点产品和服务指导目录》	将集成电路芯片设计列为战略性新兴产业重点产品和服务	转型阶段
2018	《关于集成电路生产企业有关企业所得税政策问题的通知》	针对集成电路生产企业税收优惠政策	转型阶段
2019	《关于集成电路设计和软件产业所得税政策的公告》	针对集成电路设计企业提供税收优惠政策	转型阶段
2020	《新时期促进集成电路产业和软件产业高质量发展的若干政策》	在前面七个方面的政策措施中新增国际合作的政策措施，进一步促进集成电路产业发展	转型阶段

三、产业产学研合作网络演化趋势

IC产业产学研创新网络在国家政策、产业发展生命周期等因素影响下，正在不断地演化。本章运用UCINET6软件对于不同年份的集成电路产业产学研的共线矩阵进行分析运算，从而获得整体网络的密度、聚类系数等网络特征值，然后再通过 Netdraw 绘制网络整体结构图，能够更加直观地反映网络的整体演化特征。

（一）网络拓扑结构

本章将集成电路产业历年的创新合作网络中的各创新主体为“点”，产生的关系为“线”构建网络，同时绘制创新网络的整体拓扑结构，并利用拓扑结构进行对比，能够更加直接展现出 IC 产业产学研的复杂特性以及与时间之间的演化趋势。介于产学研创新网络的不同阶段分析，故对不同阶段的代表性年限的网络拓扑图进行分析，分别选取 2004 年、2008 年、2013 年、2018 年和 2020 年的网络拓扑图见图 4 – 3。

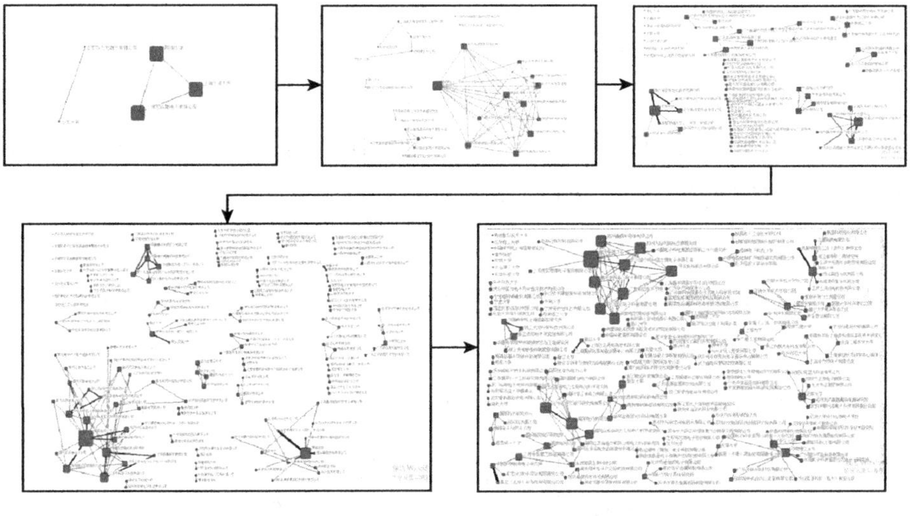

图 4 – 3　2004 年、2008 年、2013 年、2018 年、2020 年网络拓扑图

通过这 5 年的网络拓扑图，可以看到集成电路产业网络规模不断扩大，整体网络的复杂性和主体的连通性逐渐增强。集成电路产业产学研合作网络出现一定的小团体特征，也即整体网络比较松散，但是网络内部存在诸多小团体。通过观察发现，IC 产业产学研合作中的小团体主要以学研为中心即高校、科研院所等为中心，而企业则在这些网络中处于相对薄弱的位置。此外，不同的小团体之间的相对独立，缺乏一定的联系，其知识属性差异较大，从而导致小团体之间的合作较少，对网络整体的连通性造成一定的影响。

（二）网络群聚性演化

袁剑锋、许治（2017）综合网络密度和聚类系数进而对网络的群聚性进行演化分析，本章采用相同的方法对集成电路产业产学研创新网络进行演化分析。如图4-4所示，从整体网络密度看，自2007年始，集成电路产业的整体网络密度呈现不断下降的趋势，说明随着网络规模的扩大，网络中创新主体的联系并没有越来越紧密，反而越来越松散。结合网络拓扑图来看，有大量的创新主体处于网络的边缘位置，且仅是边缘的群体进行相互合作，同时也是点对点的合作，并未与核心的创新主体产生联系，导致网络规模越大，网络越松散。但集成电路产业已经在政策和市场的推动下，迸发出了更多的创新主体寻求产学研合作，这些创新主体并未与原来的核心创新主体进行合作，而是寻找新的节点，使得点对点合作的创新主体数量增加，网络密度下降，信息在网络间流动的效率和速度变慢。从聚类系数来看，集成电路产业产学研整体网络的聚类系数呈现出一定的波动状态，聚类系数在2007年和2010年出现两个峰值，但总体呈现下降的趋势，但聚类系数一直都在0.5以上，聚类系数较高，网络密度较小，说明集成电路产业产学研创新网络具备一定的小世界特征，逐渐形成了规模的聚集子网络，结合图4-3，集成电路产业产学研网络出现了以国家电网、清华大学、电子科技大学等主体为核心的群聚子网络。IC产业产学研网络密度逐渐减小，聚类系数也在逐渐降低，但均在0.5以上，一直都处于较高的位置，从而逐渐形成了核心的群聚子网络，而这些子网络的存在说明了其他创新主体难以进入，造成集聚的“富人俱乐部”现象。因而，对于外围的创新主体，如何找到新的通路与群聚子网络进行联系、拓展自身创新资源的获取途径至关重要。

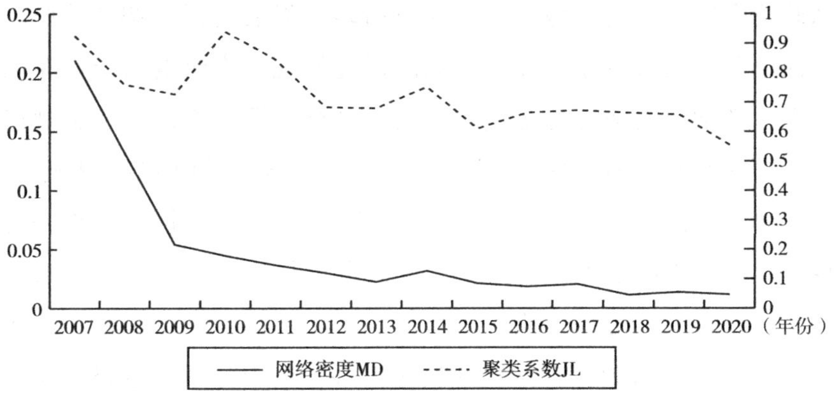

图4-4　整体网络密度与聚类系数

四、网络演化对创新绩效的影响

从网络演化规模来看，IC 产业产学研创新网络规模在这 20 年间不断扩大，说明集成电路产业正在快速发展，产业内产学研合作创新主体的数量稳步上升，产业内专利合作次数随之上升，整体网络演化规模和速度呈现平稳上升的趋势。保障整体网络演化的稳定性、避免网络动荡，是产业创新绩效提升的前提和保障。

从网络演化主体的地理趋向来说，IC 产业产学研创新合作主体以国外和我国台湾地区为中心，逐渐转化到以国内的创新主体为主导，同时，长三角一体化区域中创新主体的个数不断上升，占整体 IC 产业产学研创新网络的 43%。一方面说明了我国 IC 产业产学研合作主体数量不断增多，使得国外和我国台湾地区产学研合作主体数量减少，且在国家政策支持下，各主体吸收国外和我国台湾地区的异质性资源积累产业基础，获得合作企业的技术支持。同时在国内产业基础夯实的情况下，各主体间积极展开产学研合作，通过知识产权的共享，建立合作主体之间的信任，获得技术支持，大大提升创新绩效。另一方面说明了长三角一体化区域，IC 产业创新资源丰富，在人才、教育、政策等领域拥有一定的资源优势，适合进行集成电路产业研究。

从政策和网络演化趋势来分析初创阶段、发展阶段、调整阶段、转型阶段这四个阶段集成电路产业的发展。研究发现，集成电路产业在国家政策影响下，产学研网络也随之演化。集成电路的发展测试封装和制造业已达到世界领先水平，但是集成电路设计与世界先进行列仍存在差距。从IC产业产学研合作网络的拓扑结构图来看，IC产业产学研网络呈现一定的小世界性，出现了以国家电网、清华大学、电子科技大学等主体为核心的群聚子网络，存在大量边缘企业无法与核心群聚子网络产生关系，造成集聚的“富人俱乐部”现象。在网络的演化趋势分析中，集成电路产业中仍有大量的个体能通过融入群聚子网络，以提高整体网络的联通性，拓展自身创新资源的获取途径，强化主体的创新绩效产出。

第三节　IC产业产学研网络特征对创新绩效的影响

通过研究产学研创新网络对创新绩效影响的文献综述，学者基于网络的中心度、结构洞和关系强度等网络特征对创新绩效进行分析。为避免网络位置与网络关系强度之间的相关性对实证研究结果造成影响，本节从网络位置与关系强度两个方面研究对创新绩效的影响。通过对IC产业产学研网络演化的分析，产业发展的特性以及构建网络的规模和稳定性来综合考虑，本节使用2011～2020年集成电路产学研合作网络数据，探究网络位置与网络关系强度对于创新绩效的影响。

一、网络位置对创新绩效的影响

（一）假设提出

1. 网络中心位置对创新绩效的影响

网络中心位置描述了个体在网络中拥有的权力，处于网络中心位置的主体与网络中的其他主体产生联系的概率大，在获取知识、异质性资源等方面占据优势，能提高主体创新绩效。孙爱丽等（2017）以145个国家级高新区作为样本，采用社会网络分析方法得出研发投入的网络特征，通过EViews回归证明企业网络中心位置与创新绩效正相关。戴勇等（2018）采用地方产业集群问卷数据构建集群网络，实证研究分析结果表明，网络中心位置正向影响企业潜在吸收能力和现实吸收能力，吸收能力与创新绩效正相关，网络中心位置通过吸收能力间接促进创新绩效。詹湘东等（2018）通过探究外部知识管理和技术能力关系的中介效应模型，认为网络中心位置通过外部知识转移促进技术创新能力。

基于此，本章提出如下假设：

H1a：集成电路产业产学研网络中心位置正向影响主体的创新绩效。

对于长三角一体化区域，也提出相同的假设：

H1b：长三角一体化区域，网络中心位置正向影响主体的创新绩效。

2. 结构洞对创新绩效的影响

学界对结构洞数量对创新绩效的影响有两种不同的观点。以结构洞理论提出者伯特为代表的相关学者认为占据更多结构洞位置的主体能与不同类型的主体进行合作，获得更多异质性资源和控制信息，从而提高创新绩效，国内外已有许多学者以此为基础，展开一系列研究。占据结构洞位置的主体在网络中起到连接两个无直接联系的主体，充当“桥梁”的角色为彼此间传递信息和资源，获取异质性资源和隐性知识。Wincent（2010）表示此类企业更易获得稀缺性资源，从而对创新绩效产生积极影响；吴中超（2020）从区域产学研的角度，提出结构洞位置与区域创新绩效的关系，认为协同创新网络结构洞数量越多，越有利于协同创新活动的产生，从而促进区域创新绩效的提高。李敏等（2017）验证了创新主体占据的结构洞数目与其创新绩效具有显著正向相关性。

但是，以Coleman（1988）为代表的学者认为，较少的结构洞数量有利于形成封闭网络，提升企业的信任度，强化主体间的知识交流。部分学者认为企业与现有合作伙伴建立了良好的信任机制，但当企业的结构洞数量越多时，则会处于不被信任的风险中，对创新绩效产生负向影响，故有些学者认为企业占据的结构洞的数量与其创新绩效呈现倒“U”形关系。

笔者认为结构洞数量与创新绩效呈倒“U”形关系是建立在信任机制和相对封闭的网络环境中的，而这一条件与现实状况相差甚远，故笔者认同伯特的观点，结构洞数量能促进创新主体提高创新绩效。

故本章提出如下假设：

H2a：集成电路产业产学研网络结构洞数量正向影响主体创新绩效。

同时，对于长三角一体化区域也提出相同的假设：

H2b：长三角一体化区域，结构洞数对主体创新绩效有正向影响。

（二）变量选取

1. 因变量

集成电路产业是能反映知识特征、技术密集型的高新技术产业，专利是最能反映知识创造的指标，鉴于此，本章选用专利数据作为创新绩效的研究基础数据。本章对于主体的专利数计算不包括外观设计专利，选择实用与发明专利作为变量的测量指标，同时基于企业从网络中获取异质性资源等，再进行资源的创新，对于主体而言存在一定的滞后性，所以选择了滞后一年的专利数量（CXJX）作为主体创新绩效的测量指标。这解决了模型内生性的问题，同时也从现实角度考虑企业资源运用可能存在的时滞性。

2. 自变量

点度中心度经常被用来测度网络中心位置。曾婧婧等通过 284 个地级市政务微博的关注数据构建府际关系网络，采用点度中心度测度节点的网络中心位置，探讨网络结构特征。借鉴现有研究，本章采用点度中心度对产学研合作网络中企业的网络中心位置进行测度。点度中心度是指与其他节点直接相连的节点数占总节点数的比重，点度中心度越大，表明节点拥有的权利越大。点度中心度的计算公式为：

$$Z(ni)=\frac{d(ni)}{n-1} \tag{4-1}$$

其中，Z(ni)为节点的点度中心度，n 表示总节点数，d(ni)与其他节点直接相连的个数。节点的点度中心性的计算方式为在 Ucinet6 中导入共线矩阵后，选择 Network→Centrality→Degree 即可。

结构洞是在一个网络中两个行动者之间非冗余的联系，指两个主体之间无联系，必须通过第三主体才能形成关系，那么这第三个主体就占据了结构洞的位置。目前有较多学者使用结构洞位置研究对创新绩效的影响。结构洞位置测量方法是由 Burt 提出的结构洞指数，主要包括 EffSize、Efficience、Constrain 和 Hierarchy 四个指标，而 Constrain 是其中最重要的指标，即为结构洞限制度，但结构洞限制度是结构洞数量的负向指标，这一点在之后的分析中需要注意。结构洞指标在 Ucinet6 中的计算方式为 Network→Ego Network→Structural Holes。

3. 控制变量

（1）网络密度。

网络密度的计算公式为：

$$MD=\frac{2x}{y(y-1)} \tag{4-2}$$

其中，x 为网络中的关系数，y 为节点，网络密度是一个反映网络整体特征的指标，并将之作为网络特征指标来研究对创新绩效的影响。本章使用 Ucinet6 计算产学研创新网络的密度，其计算步骤为 Network→Cohesion→Density→(new) Density Overall。

（2）知识深度。

创新主体前期的知识深度是主体创新发展的基础，对于创新主体的创新绩效有重要的影响作用。对于发明专利而言，从受理到授权公告一般需要 3 年的时间，组织确定开始合作到申请专利也需要花费时间，因此对产学研专利合作的知识深入获取年限为 3 ~ 5 年。因而本章选用创新主体前 4 年累计的专利数量测量知识深度，之后放入回归模型中。

（3）一线城市。

本章选用的一线城市为北上广深，因为一线城市作为经济、政治、人才等各方面都在全国领先的区域，对于集成电路产业而言，一线城市拥有高知识人才、政策反应灵敏、高科技企业聚集等一系列优势，都将对集成电路产业的创新绩效产生影响，故在本章中作为控制变量，放入回归模型中。

（4）聚类系数。

聚类系数分为整体网络的聚类系数和节点的聚类系数。节点聚类系数的计算公式为：

$$JL_k = \frac{2e}{n(n-1)} \tag{4-3}$$

即节点k，相邻的节点数为n，节点间可能产生的联系为n(n－1)/2，实际的联系数为e，整体聚类系数为其节点的算数平均数。节点聚类系数表示与该节点产生联系的概率。聚类系数通常作为网络小世界特性的一个指标以研究其对创新绩效的影响。聚类系数在Ucinet6中计算步骤为：首先，共线矩阵进行对称化处理Transform→Symmetrize→Maximum；其次，Network→Cohesion→Clustering Coefficient将对称化矩阵导入；最后，得出节点和网络整体的聚类系数。

综上所述，本章模型的因变量为创新绩效，自变量为网络中心位置、结构洞，探究集成电路产学研网络位置对创新绩效的影响，详细变量说明如表4－2所示。

表4－2　网络位置对创新绩效的影响变量说明

变量	名称	简称	指标说明
因变量	创新绩效	CXJX	主体滞后一年的专利数量
自变量	网络中心位置	ZX	与其他节点直接相连的节点数占总节点数的比重
	结构洞	JGD	两个行动者之间非冗余的联系
控制变量	网络密度	MD	网络整体特征指标
	知识深度	LJ4	主体前4年累计的专利数量
	一线城市	YXCS	是否为北上广深城市
	聚类系数	JL	与该节点产生联系的概率

（三）模型设定

通过构建主体网络中心位置、结构洞与创新绩效之间的回归模型，量化分析网络位置对主体创新绩效的影响。由于本章的创新绩效的测度指标为主体的专利申请数，属于非负类型的数值变量。而 OLS 的线性回归模型中的被解释变量变动区间则是正无穷至负无穷且连续分布为假设前提，倘若使用 OLS 估计对本章数据进行处理，则会出现无效及有偏的参数估计等问题。因此对于该类数据，考虑了离散二元模型，通过查阅文献中发现该类问题较多使用泊松模型，但泊松模型的前提是变量方差与期望相等，经数据初步分析，发现变量的方差远远大于期望，为了更加确切，笔者通过 OLS 检验对数据进行分析发现数据存在离散现象。因此，对于该类离散型的数值型变量，只能放宽泊松分布，选用负二项分布，使用负二项回归对变量间的影响方向以及各类效果测度进行评估，已有较多学者使用这一结论进行研究。综上所述，本章选择负二项回归模型来展开实证分析。

最终建立模型如下：

$$CXJX_{i,t+1} = F(\beta_1 ZX_{i,t} + \beta_2 JGD_{i,t} + \beta_3 MD_{i,t} + \beta_4 JL_{i,t} + \beta_5 YXCS_{i,t} + \beta_6 LJ4_{i,t}) + \varepsilon(1) \tag{4-4}$$

其中，$CXJX_{i,t+1}$为因变量，表示主体 i 在第 t+1 的创新绩效，用主体 i 在第 t+1 年所申请的实用新型与发明专利数量来测度，i 表示主体，t 表示年份，本章的因变量选择滞后期为一年。$ZX_{i,t}$与 $JGD_{i,t}$为自变量，分别表示主体 i 在第 t 年的网络中心位置、结构洞。$JL_{i,t}$、$MD_{i,t}$、$LJ4_{i,t}$、$YXCS_{i,t}$为控制变量，分别表示聚类系数、网络密度、知识深度和是否在一线城市。$\beta_1 \sim \beta_6$ 为变量系数，ε 表示随机误差项。

（四）结果分析

1. 描述性统计

由于专利数据的滞后性以及网络特征对于创新绩效产生的时滞性，本章通过国家知识产权网站，选择2011~2019年（滞后一期，即为2012~2020年）创新主体的实用与发明专利申请数量作为创新绩效的量化指标，选择2011~2019年开展产学研合作的创新主体为研究对象，剔除个别极端值，如日东电子科技（深圳）有限公司、意法半导体（图尔）公司、台湾积体电路制造股份有限公司、中芯国际集成电路制造（上海）有限公司、京东方科技集团股份有限公司创新绩效过于突出的极端值，最终从中筛选出844份面板数据。对模型中涉及的各类变量进行描述性统计分析，表4-3为描述性分析的结果。

表4-3　集成电路产业产学研网络描述性统计分析

变量	Obs	Mean	Std. Dev.	Min	Max
CXJX	844	55.4076	127.7979	0	1295
ZX	844	1.9242	2.0080	0	16
JGD	844	0.7719	0.3179	0	1
MD	844	0.0196	0.0074	0.0113	0.0367
JL	844	0.2834	0.4267	0	1
LJ4	844	175.5569	375.8984	0	3024
YXCS	844	0.4301	0.4954	0	1

首先，对变量的最小值、最大值与标准差进行分析。样本企业滞后一期的专利数最小值为0，最大值为1295，表明不同的企业之间创新绩效差距很大，同时也反映出本章研究的必要性，本章希望从网络位置与网络关系强度的角度，为企业创新绩效提升提供可行性建议，对全国范围内创新绩效表现较差的企业具有迫切的现实意义。样本企业滞后一期的专利数标准差为127.7979，远远大于其均值55.40758，表明本章的数据类型适用于负二项回归。累积四年的知识深度最小值都为0，最大值分别为3024，表明创新主体之间的集成电路产业相关的知识积累程度、前期的研发投入等差异大。在自变量方面，样本主体的中心位置的平均值为1.924171，结构洞限制度的平均值为0.7719，表明网络中心位置和结构洞限制度的数量均较小，网络关系强度的均值为6.56，最小值为2，最大值为101，表明不同

的主体之间的网络关系强度差异较大。在控制变量方面，网络密度已在之前的部分中分析过，在此不再赘述。回归中使用的聚类系数是个体聚类系数与第四章中分析的整体网络聚类系数是不一致的。聚类系数的均值为0.28，方差为0.43，一线城市的均值为0.43，方差为0.49，表明聚类系数和一线城市的均值和方差差异性不大。

2. 相关性分析

本章利用Stata软件对变量两两之间的相关性及多重共线性关系进行测度，由相关性分析可知，企业在网络中的中心位置、结构洞数量均与创新绩效具有正相关关系，但是与密度具有负相关关系，这表明企业在网络中占据有利的网络位置及关系强度有利于其创新绩效的提升。但是，上述变量对企业创新绩效的综合影响还需要依据后续的回归分析结果做进一步分析。表4-4中的VIF值均未超过5，多重共线性检验的结果表明，不存在多重共线性问题，因此后续的回归分析结果具有稳定性与可靠性。

表4-4　集成电路产业相关性分析

变量	CXJX	ZX	JGD	MD	JL	QD	LJ4
CXJX	1						
ZX	0.173***	1					
JGD	0.054	-0.287***	1				
MD	-0.037	-0.065*	-0.037	1			
JL	-0.112***	0.421***	-0.660***	-0.004	1		
QD	0.244***	0.430***	0	0.058*	0.071**	1	
LJ4	0.903***	0.182***	0.031	-0.014	-0.094***	0.282***	1
YXCS	0.076**	0.059*	0.034	0.098***	0.011	0.199***	0.090***
VIF		1.56	1.80	1.03	2.04	1.37	1.13

注：括号内值为标准差，*、**、***表示 $p<0.05$，$p<0.01$，$p<0.001$。

3. 回归结果分析

本章使用逐步回归的方法分析集成电路产业产学研网络位置对创新绩效的影响。负二项回归结果参见表4-5中的模型1至模型3，其中F值均显著，表明上述模型的显著性很好。

模型1中为因变量和控制变量，进而来分析控制变量对于创新绩效的影响，由表4－5可知，网络密度对于创新绩效的影响不显著，表明整体网络的松散程度对于网络内主体的创新绩效没有影响以及整体网络效益不显著。而聚类系数对于创新绩效有显著负向影响，结合前述对于聚类系数的分析，高聚类系数能够提高知识创新能力，进而提高企业的创新绩效，而本章中聚类系数反而对创新绩效有显著的负向影响，说明集成电路产学研网络高度集聚的连接使得信息趋于同质化，出现信息循环流动的现象，从前述网络拓扑图中可以看到，占据关键的网络位置中心度的国家电网体系等内部开展产学研合作的情况非常明显，从而导致信息趋于同质化，出现信息循环流动的现象，使得聚类系数更高，反而抑制创新主体创新绩效现象的产生。从网络拓扑图中可以看出，主体合作类型的异质性往往是企业之间的强强联合，多为同类企业之间的合作，不利于异质性资源的传递，从而对主体的创新绩效产生负向影响。今后集成电路产业中的小团体应打破原有的信任隔阂，寻找新的合作主体，同时实力较强的企业也需要加强与其他企业之间的合作与交流，从而促进集成电路产业的发展。由表4－5可知，知识深度与一线城市对主体的创新绩效有显著的正向影响，主体前期的创新积累是主体在集成电路产业的产业基础、知识积累以及技术支持能进一步提升集成电路产业的创新绩效。一线城市对于政策的执行度高，且对于高新技术产业发展优惠政策众多，拥有相对丰富的创新资源，从而对主体的创新绩效产生正向影响。

模型2在模型1的基础上增加了网络中心位置以验证其对于创新绩效的影响。由表4－5可知，网络中心位置对于创新绩效的影响不显著，且系数为负，表明假设H1a不成立。究其主要原因，一是随着主体在网络中的点度中心性的增加，即主体在网络中拥有比较大的“权利”，建立联系的主体数量也会增多，主体基于自身知识产权保护意识加强，从而逐步实施知识产权隔离措施，维护自己的核心技术不被竞争对手获取；二是占据网络中心位置的部分主体在集团内部开展产学研活动，或者是分子公司之间的合作，从而导致信息的同质化，抑制主体创新绩效。

模型 3 在模型 1 的基础上增加了结构洞限制度变量，结构洞限制度一次项的系数为 -0.353，P 值为 0.000，表明结构洞限制度对于主体的创新绩效有显著的负向影响，因而结构洞限制度是结构洞位置的负向指标，故本章的结构洞位置对于主体创新绩效有显著正向影响。假设 H2a 得到验证，说明集成电路产学研网络中存在连接两个没有关联的群体的节点即结构洞，结构洞的数量越多，集成电路产业产学研网络中主体的创新绩效越强，说明集成电路产学研网络中较多主体能获得不同主体间的异质性信息，也即那些孤立的群体或者节点为处于结构洞位置的主体提供新的接触信息和新的机会，并让处于结构洞位置的主体能够实现对于所在的社会群体网络的控制，从而提升主体创新绩效。

表 4-5　IC 产业产学研创新网络位置对创新绩效影响的回归结果分析

	模型 1	模型 2	模型 3
MD	12.28 (1.60)	12.27 (1.60)	11.08 (1.46)
JL	-0.700*** (-6.09)	-0.696*** (-6.36)	-0.866*** (-7.71)
LJ4	0.00169*** (18.07)	0.00169*** (18.99)	0.00170*** (18.81)
YXCS	0.338*** (3.36)	0.339** (3.20)	0.357*** (3.56)
ZX		-0.00144 (-0.05)	
JGD			-0.353** (-2.69)
_cons	-1.610*** (-9.73)	-1.608*** (-9.41)	-1.283*** (-6.23)
R^2	0.3242	0.3242	0.3262
Log pseudolikelihood	-576.1844	-576.1822	-574.5141

注：括号内值为标准差，*、**、*** 表示 $p<0.05$，$p<0.01$，$p<0.001$。

（五）长三角一体化区域结果分析

对于长三角一体化区域的分析，其选用的数据主体为长三角一体化区域的三省一市，将这些区域中的集成电路产业产学研网络中存在的主体进行筛选，共筛选出295个主体，从而对这些主体在IC产业产学研创新网络中的结构进行分析。

1. 描述性统计

首先对于变量的标准差，最大和最小值进行分析，样本主体滞后一期的专利数其最小值为0，最大值为668，表明主体之间创新绩效差异大，且方差为73.6990，均值为39.06，方差远大于均值，表明本数据同样适用于负二项回归模型，网络中心位置的均值为1.63，结构限制度的均值为0.77，网络密度的均值为0.019，聚类系数的均值为0.27，说明这些变量在网络中的数量均比较小，知识深度中的累积四年的专利数量最小值为0，最大值为2079，说明集成电路产业组织自身产业基础差距大，即集成电路产业技术创新难度大，垄断程度高，从而导致产业内主体差异大。从表4-6的描述性统计可知，长三角一体化区域中集成电路产业产学研创新网络的样本量为295个主体。

表4-6　长三角一体化区域描述性统计

变量	Obs	Mean	Std. Dev.	Min	Max
CXJX	295	39.0610	73.6990	0	668
ZX	295	1.6305	1.2518	0	13
JGD	295	0.7659	0.3283	0	1
QD	295	5.9424	6.5012	2	50
MD	295	0.0193	0.0072	0.0113	0.0367
JL	295	0.2738	0.4272	0	1
LJ4	295	127.3322	231.2059	0	2079

2. 相关性分析

对于长三角一体化区域中变量的相关性分析，本章与全国集成电路产业的相关分析采用一致的方法，由相关性分析可知，主体在网络位置中心、网络密度、聚类系数与创新绩效均负相关，结构洞限制度、网络关系强度、知识深度与创新绩效正向相关，但上述变量的综合影响仍需要后续回归结果进一步分析。表 4－7 中的 VIF 值均未超过 5，表明模型不存在多重共线性的问题，后续回归结果具有稳定性和可靠性。

表 4－7 长三角一体化区域相关性分析

变量	CXJX	ZX	JGD	MD	JL	QD	LJ4
CXJX	1						
ZX	－0.096	1					
JGD	0.060	－0.197***	1				
MD	－0.038	－0.168***	－0.023	1			
JL	－0.205***	0.544***	－0.597***	－0.060	1		
QD	0.100*	0.354***	－0.131**	0.121**	0.320***	1	
LJ4	0.753***	－0.062	0.038	－0.066	－0.181***	0.079	1
VIF		1.60	1.64	1.11	2.37	1.29	1.10

注：括号内值为标准差，*、**、*** 表示 $p<0.05$，$p<0.01$，$p<0.001$。

3. 回归分析

本章使用逐步回归的方法研究长三角一体化区域中的集成电路产业产学研创新网络对于创新绩效的影响，模型 A 至模型 D 中 F 值均显著，说明模型的显著性很好。

模型 A 是只有控制变量的模型，其系数的正负以及显著性与全国的集成电路产学研创新网络相一致，说明长三角一体化区域在网络密度、聚类系数、知识深度等产学研网络特征中与全国范围内的产学研网络特征具有一致性，模型 B 在模型 A 的基础上增加了网络中心位置的变量，模型 C 在模型 A 的基础上增加了结构洞限制度，模型 D 在模型 C 的基础上增加了网络中心位置的变量，说明了长三角一体化区域中集成电路产学研网络中的网络中心位置对于创新绩效的影响不显著，且系数为正，而结构洞限制度对创新绩效有显著的负向影响，即结构洞数量对于创新绩效有显著的正向影响，表明假设 H1b 不成立、假设 H2b 成立。

与全国集成电路产业不一致的是，长三角一体化区域中网络中心位置对创新绩效的影响为正，说明在长三角一体化区域中，随着某一主体与其他主体的联系逐渐增多，会提高这一主体的创新绩效，说明长三角一体化区域中集成电路产业产学研网络中占据网络中心位置的主体仍能通过与其他主体之间的合作，获得异质性资源，提高技术创新价值。同时，在长三角一体化区域中，存在连接两个独立团体的主体，观察其网络拓扑图，发现这样的个体多为学研机构，如浙江大学、苏州大学等，实证结果显示，结构洞数量越多，创新绩效越显著，即学研应更多地参与到集成电路产学研合作网络中，从而为网络中的企业提供异质性资源和隐性知识，进一步提高企业的创新绩效。从长三角一体化区域的集成电路产业产学研的网络位置对创新绩效的影响中，可以发现，长三角一体化区域中的主体即使是已占据优势地位的企业都应寻找不同资源和背景的主体进行及时的技术分享和合作，从而扩大自身的竞争优势，即使是同一组织内的企业进行合作，保持对新技术的控制权和保密性的同时，及时进行技术分享，将对长三角一体化区域集成电路产业的创新绩效有促进作用（见表 4-8）。

表 4-8　长三角一体化区域网络位置对创新绩效的影响

	模型 A	模型 B	模型 C	模型 D
MD	12.27 (1.40)	13.36 (1.50)	10.17 (1.19)	12.17 (1.39)
JL	−0.855*** (−5.42)	−0.945*** (−4.69)	−1.035*** (−6.36)	−1.295*** (−5.38)
LJ4	0.0020*** (4.52)	0.0020*** (4.50)	0.0020*** (4.53)	0.0020*** (4.49)
ZX		0.0491 (0.78)		0.104 (1.77)
JGD			−0.427** (−3.13)	−0.544*** (−3.42)

续表

	模型 A	模型 B	模型 C	模型 D
_cons	-1.503*** (-7.33)	-1.582*** (-7.22)	-1.096*** (-4.91)	-1.156*** (-5.16)
R^2	0.2066	0.2071	0.2194	0.2243
Log pseudolikelihood	-187.5752	-187.4680	-184.5580	-183.3831

注：括号内值为标准差，*、**、*** 表示 $p<0.05$，$p<0.01$，$p<0.001$。

二、网络关系强度对于创新绩效的影响

（一）假设提出

学者们关于网络关系强度对于创新绩效的影响有不同的观点。谢洪明等指出大部分学者通常以主体之间有相同的关系强度为前提研究网络结构，会忽视网络关系强度，并以实证验证网络关系强度对创新绩效的正向影响。王建平等也有同样的研究发现，提出了企业竞合战略的中介作用。部分学者使用问卷数据进行研究，认为网络关系强度有利于主体获得外部的资源与信任，促使网络关系强度促进主体创新绩效。

集成电路产业是最富有知识特征的高新技术行业之一，在产学研合作过程中，存在大量以无形的知识存在于研发者脑海中的隐性知识，这需要合作过程中频繁的沟通与交流才能实现知识的交互，存在交易成本。当主体间合作越频繁，彼此的信任越强，交易成本越低，越利于创新绩效的提升。但是，随着主体之间合作次数增多，主体网络关系强度变大，边际交易成本等于边际创新绩效产生时，网络关系强度的加大，会使得主体获取外部知识与技术的能力受限，从而降低创新绩效。有部分学者认同这种观点，Goerzen（2007）利用跨国公司的数据证明，在技术高度不确定时期，网络关系强度较低有利于企业把握技术与市场趋势提高创新绩效，网络关系强度提高会阻碍企业绩效的提升。高霞等（2019）认为企业研发合作深

度即网络关系强度与创新绩效呈现倒“U”形的关系。基于以上分析，本章提出以下假设：

H3a：网络关系强度与创新绩效呈倒“U”形关系，网络关系强度达到一定程度时会抑制主体的创新绩效。

对于长三角一体化区域，也提出相同的假设：

H3b：在长三角一体化区域，网络中心位置对企业的创新绩效呈倒“U”形关系。

（二）变量选取

网络关系强度是指网络中某一主体与其他主体之间的合作次数，网络关系强度能够反映主体在产学研创新网络中的合作频次以及知识共享程度。网络关系强度的计算方式为使用 Excel 统计某一主体在专利合作中出现的次数。

本章模型的自变量为网络关系强度，探究网络关系强度对创新绩效的影响，具体变量解释如表 4－9 所示。

表 4－9　网络关系强度对创新绩效的影响变量说明

变量	名称	简称	指标说明
因变量	创新绩效	CXJX	主体滞后一年的专利数量
自变量	网络关系强度	QD	网络中某一主体与其他主体之间的合作次数
控制变量	网络密度	MD	网络整体特征指标
	知识深度	LJ4	主体前 4 年累计的专利数量
	一线城市	YXCS	是否为北上广深城市
	聚类系数	JL	与该节点产生联系的概率

（三）模型设定

基于网络位置对于创新绩效的影响的模型，本部分仍采用负二项回归模型，具体模型建立如下：

$$CXJX_{i,t+1} = F(\beta_1 QD_{i,t} + \beta_2 QD_{i,t}^2 + \beta_3 MD_{i,t} + \beta_4 JL_{i,t} + \beta_5 YXCS_{i,t} + \beta_6 LJ4_{i,t}) + \varepsilon(2) \quad (4-5)$$

其中，$CXJX_{i,t+1}$为因变量，表示主体 i 在第 t+1 的创新绩效，用主体 i 在第 t+1 年所申请的实用新型与发明专利数量来测度，i 表示主体，t 表示年份，本章的因变量选择滞后期为一年。$GD_{i,t}$为自变量表示主体 i 在第 t 年的网络关系强度。$MD_{i,t}$、$JL_{i,t}$、$LJ4_{i,t}$、$YXCS_{i,t}$为控制变量，分别表示网络密度、聚类系数、知识深度和是否在一线城市。$\beta_1 \sim \beta_6$ 为变量系数，ε 表示随机误差项。

（四）结果分析

本数据的描述性统计和相关性分析已在前面进行了详细的描述，这里将不再重复赘述。

本章采用了逐步回归的方法，以 2011～2019 年集成电路产业产学研主体为研究对象，验证网络关系强度对于创新绩效的影响，分析结果见表 4-10，三个模型的 F 值对应的 P 值都为 0.00，说明模型在整体上是非常显著的。

表 4-10　　IC 产业产学研网络关系强度对创新绩效的影响

	模型四	模型五	模型六
MD	10.4 (1.33)	9.301 (1.19)	4.577 (0.54)
JL	-0.727*** (-6.22)	-0.768*** (-6.51)	-0.824*** (-7.60)
LJ4	0.0016*** (18.79)	0.0016*** (18.62)	0.0016*** (18.84)
YXCS	0.232* (2.16)	0.207 (1.87)	0.194 (1.9)
QD	0.00981*** (4.55)	0.0256** (3.12)	0.0367*** (4.48)
QD2		-0.000209* (-2.28)	-0.000281** (-3.21)

续表

	模型四	模型五	模型六
ZX			-0.0673 *** (-3.89)
JGD			-0.446 *** (-3.48)
_cons	-1.581 *** (-9.31)	-1.617 *** (-9.49)	-1.105 *** (-4.86)
R^2	0.3305	0.3325	0.3403
Log pseudolikelihood	-570.8341	-569.0945	-562.4708

注：括号内值为标准差，*、**、*** 表示 $p<0.05$，$p<0.01$，$p<0.001$。

模型四在模型一的基础上增加了网络关系强度，其回归系数为 0.00981，P 值为 0.000，说明网络关系强度对创新绩效有正向影响，模型五在模型四的基础上增加了网络关系强度的二次项，其中一次项的系数为 0.0256，P 值小于 0.01，二次项的系数为 -0.000209，P 值小于 0.05。这表明网络关系强度对创新绩效呈现倒“U”形的关系，即网络关系强度较低时，主体的创新绩效随着网络关系强度的增加而增加，当网络关系强度较大时，网络关系强度会抑制主体的创新绩效。假设 H3a 得到验证，即当主体与网络中其他主体合作的次数超过一定次数后，存在与同一主体进行重复合作的现象，虽然有利于减少专利风险成本，但是不利于主体在网络中获得异质性资源，从而对主体的创新绩效存在一定的抑制作用。但控制变量中的一线城市在模型五中显著性消失，说明了主体所处的相对环境对于创新绩效的影响效果不稳定。

（五）长三角一体化区域结果分析

对于长三角一体化区域的描述性统计和相关分析已于前面进行分析，这里就不再重复赘述。这里使用逐步回归的方法，以 2011～2019 年长三角一体化区域集成电路产学研网络关系强度为研究对象，以研究创新绩效的影响效果，回归结果如表 4-11 所示。

表 4-11 长三角一体化区域集成电路产业产学研网络关系强度对创新绩效的影响

	模型 E	模型 F	模型 G
MD	6.251 (0.68)	7.172 (0.77)	3.916 (0.43)
JL	-1.229*** (-6.36)	-1.249*** (-7.12)	-1.617*** (-5.86)
LJ4	0.00175*** (4.61)	0.00165*** (6.08)	0.00175*** (4.85)
QD	0.0393*** (4.0)	0.0900** (2.60)	0.0425*** (4.32)
QD2		-0.00159 (-1.48)	
ZX			0.0397 (0.60)
JGD			-0.621*** (-3.72)
_cons	-1.518*** (-7.64)	-1.699*** (-7.69)	-1.001*** (-4.72)
R^2	0.2194	0.2243	0.2271
Log pseudolikelihood	-184.5580	-183.3831	-182.7413

模型 E 在模型 A 的基础上增加了网络关系强度这一变量，其 P 值为 0.000，系数为 0.0393，网络关系强度对于创新绩效有显著正向影响，说明长三角区域内，主体之间合作的次数越多，对于创新绩效的影响越大，且主体合作时，彼此能获得各自所需的资源、知识、技术等，进而提升集成电路产业的创新绩效。模型 F 在模型 E 的基础上，增加了网络关系强度的二次项，其系数为 -0.00159，P 值为 0.139，一次项的系数为 0.09，P 值为 0.009 小于 0.01，虽然二次项的系数为负，但是 P 值不显著，说明长三角一体化区域网络关系强度与创新绩效呈倒“U”形关系假设不成立，即假设 H3b 不成立。与全国集成电路产学研创新网络相比，长三角一体化区域显然网络关系强度正处于初级阶段。故对于长三角一体化区域而言，需

要增多产学研主体之间的合作次数，即使是重复的主体之间进行多次合作都能在一定程度上提升创新绩效。

三、稳健性检验

替换核心变量是模型稳健性检验中较为常用的方法，本章将采用替换被解释变量的方法进行稳健性检验。鉴于网络特征对于创新绩效影响的滞后性，以及本章的被解释变量为滞后一年主体的发明专利数量，故本章采用滞后两年主体的发明专利数量来替代，从而验证模型的稳健性。

替换变量后全国和长三角区域一体化集成电路产业产学研网络特征对创新绩效影响的模型如表4－12所示和表4－13所示。

表4－12　全国集成电路产业产学研网络特征对创新绩效影响的稳健性检验

	模型二′	模型三′	模型四′	模型五′	模型六′
MD	7.428 (0.87)	6.043 (0.7)	6.305 (0.74)	5.394 (0.64)	2.774 (0.32)
JL	−0.734*** (−5.39)	−0.850*** (−6.20)	−0.732*** (−5.57)	−0.771*** (−5.85)	−0.869*** (−6.53)
LJ4	0.00189*** (13.86)	0.00190*** (16.74)	0.00184*** (15.32)	0.00183*** (14.85)	0.00184*** (15.2)
YXCS	0.281* (2.23)	0.324** (2.64)	0.192 (1.44)	0.161 (1.2)	0.183 (1.35)
ZX	−0.0185 (0.68)				−0.0558 (−1.87)
JGD		−0.340* (−2.20)			−0.381* (−2.29)
QD			0.00851*** (3.48)	0.0228** (2.67)	0.0302*** (3.64)
QD2				−0.000191* (−1.97)	−0.000225* (−2.35)

续表

	模型二′	模型三′	模型四′	模型五′	模型六′
_cons	-1.520*** (-7.89)	-1.189*** (-5.05)	-1.480*** (-7.68)	-1.506*** (-7.89)	-1.098*** (-4.43)
R^2	0.3078	0.3094	0.3118	0.3135	0.3177
Log pseudolikelihood	-476.96789	-475.82724	-474.16469	-473.03783	-470.14847

注：括号内值为标准差，*、**、*** 表示 $p<0.05$，$p<0.01$，$p<0.001$。

表 4-13　长三角一体化集成电路产业产学研网络特征对创新绩效影响的稳健性检验

	模型 B′	模型 C′	模型 E′	模型 F′	模型 G′
MD	12.43 (1.44)	10.21 (1.05)	6.646 (0.66)	5.433 (0.46)	5.007 (0.42)
JL	-0.870* (-2.26)	-0.948* (-2.34)	-1.137* (-2.30)	-1.228* (-2.17)	-1.522 (-1.92)
LJ4	0.00307* (1.98)	0.00299 (1.79)	0.00279 (1.5)	0.00241 (1.06)	0.00261 (1.25)
ZX	0.0371 (0.51)				0.0543 (0.61)
JGD		-0.309* (-1.33)			-0.512* (-1.40)
QD			0.0301* (2.02)	0.102 (1.12)	0.0333* (1.99)
QD2				-0.00223 (-0.80)	
_cons	-1.764*** (-3.99)	-1.393* (-2.02)	-1.682** (-3.20)	-1.831*** (-4.04)	-1.251 (-1.49)
R^2	0.234	0.2359	0.2404	0.2465	0.2451
Log pseudolikelihood	-139.81563	-139.46489	-138.6419	-137.5266	-137.7909

注：括号内值为标准差，*、**、*** 表示 $p<0.05$，$p<0.01$，$p<0.001$。

稳健性检验结果中的模型二′对应前面的模型二，依此类推，这些模型的方向与显著性都没有发生明显的变化，故原模型的稳健性较好。

四、基本结论

（一）假设验证情况

本章结合集成电路产业发展状况以及文献整理综述，得出6个研究假设，并构建负二项回归模型，对集成电路产业产学研专利数据构建合作网络，从而得出产学研网络特征值，进而研究集成电路产业产学研网络位置与关系强度对于创新绩效的影响，研究假设的验证结果如表4－14所示。

表4－14　　假设验证情况

假设	假设内容	检验结果
H1a	网络中心位置对主体的创新绩效具有显著正向影响	不支持
H2a	结构洞数量对主体创新绩效有正向影响，即结构洞数量越多，主体的创新绩效越高	支持
H3a	网络关系强度对创新绩效呈倒“U”形关系，网络关系强度达到一定程度时会抑制主体的创新绩效	支持
H1b	长三角一体化区域，网络中心位置对主体的创新绩效具有显著正向影响	不支持
H2b	长三角一体化区域，结构洞数量对主体创新绩效有正向影响	支持
H3b	长三角一体化区域，网络关系强度对创新绩效呈倒“U”形关系，网络关系强度先是会促进创新绩效，到达一定程度后会抑制创新绩效	部分支持

由前述结果可知，6个研究假设中有H2a、H3a、H2b得到支持，H1a、H1b没有得到支持，H3b得到部分支持，故根据以上内容进行本章的小结，并对结果进行进一步的讨论。

（二）本章小结

本章通过集成电路产学研专利数据构建的网络特征值对创新绩效的影响的实证研究，得出基于全国集成电路产业产学研网络结论：

（1）集成电路产业产学研整体网络特征对于创新绩效影响不显著，体现为网络密度的松散程度没有显著影响主体创新绩效。

（2）集成电路产业产学研呈现一定的小世界性，但是不同的小团体之间可能由于信任隔阂、地域限制等原因使得整体网络的连通性并不好，影响网络知识的流动，从而抑制主体创新绩效的产生。

（3）基于集成电路产业技术创新难度大、垄断性高、风险高等特征，其知识深度越大，则其产业基础越强，主体的创新绩效进一步提升。

（4）在集成电路产业网络中，“权利”越大的主体，再新增的合作伙伴对于其创新绩效反而产生抑制作用。知识密集的集成电路产业，技术创新价值高，因此尤其是垄断性IC产业主体技术需求面相对狭窄，故已与特定的企业或者学研机构形成稳定的合作与供需关系，而新增合作伙伴则会降低与原有的合作伙伴之间的信任，从而对创新绩效起到抑制作用。

（5）在集成电路产业产学研网络中，结构洞数量越多，主体能够获得的非冗余异质性资源越多，主体就能在全球IC产业激烈的竞争中获得一席之地，从而提升创新绩效。

（6）IC产业中有部分主体为规避高风险，倾向于与已有交易历史的企业进行再次交易，大部分主体处于网络关系强度促进创新绩效的影响中，少数主体处于抑制作用中。

区别于全国IC产业产学研网络，长三角一体化区域集成电路产学研网络对创新绩效的影响：

（1）在长三角一体化区域中，越处于网络位置中心的主体，其创新绩效越大，长三角一体化区域中处于网络位置中心的主体仍需要通过与新的主体之间的合作来提升创新绩效。

（2）在长三角一体化区域中，网络关系强度正向影响创新绩效，说明主体也可以和已有交易历史的主体再次进行交易，来提升创新绩效，这更符合集成电路产业的特征。

第四节　提升IC产业产学研创新绩效的对策建议

通过对IC产业产学研创新网络演化分析及实证研究结果表明，结构洞数量能促进主体创新绩效；全国和长三角一体化区域网络关系强度对创新绩效的影响不一致；集成电路产业产学研网络存在群聚子网络，造成集聚的“富人俱乐部”现象，整体网络连通性较差；知识深度正向影响主体创新绩效。针对以上研究结果，本章从政府、行业、企业三个层面展开分析，提出如下政策建议。

一、政府层面

1. 优化营商环境以促进国际IC产业产学研合作

建议进一步通过优化配置技术、资本、市场等创新资源，使集成电路产学研得到良好的营商环境支持，如设立专项的集成电路科技企业孵化器、科技园等园区服务，在园区内成立IC产业核心节点大学分院或研究院，助力大量游离在边缘的企业融入“富人俱乐部”，增加集成电路产学研网络中主体的结构洞数量，提升创新绩效。

基于我国在国际集成电路产业中所处的重要战略地位以及美国、日本、荷兰等国家在全球半导体产业的支撑产业中的独特战略地位，建议政府层面优化营商环境，促进与外国企业或大学之间的国际产学研合作，进而提升国内主体的创新绩效。

2. 强化反垄断执法提升整体网络连通性

应规范IC产业市场秩序，加强垄断执法，依法打击垄断行为，维护集成电路产业市场秩序的公平，加强不正当竞争执法。在全国产学研网络中，越有“权利”的主体，越抑制主体创新绩效的产生。集成电路领域中的大型著名企业如台湾积体电路制造股份有限公司、中芯国际集成电路制造（上海）有限公司、意法半导体（图尔）公司等创新绩效突出，且作为行业中的佼佼者，本应在产学研网络中占据重要地位，但在网络拓扑图中却未占据核心重要位置，说明行业领导者产学研合作数量较少，基于自身知识产权保护意识加强，逐步实施知识产权隔离措施。从政府层面加强反垄断执法，打击行业中存在的“潜规则”行为，促进集成电路产业公平竞争，深入主体之间的合作，使得群聚子网络之间产生联系，提升网络的整体连通性。

3. 分区域制订靶向扶持政策

基于全国和长三角区域集成电路产业产学研创新网络的不同特征，可针对全国和长三角区域制订靶向扶持政策。对于长三角一体化区域而言，集成电路产学研合作网络仍具有很大的发展空间，尤其是处于网络边缘的中小企业，如何融入集成电路产业的核心圈层尤为重要。从政府层面来讲，可从地方税收等方向制订税收优惠政策，集成电路产业专利合作专项资金等政策，通过政策靶向扶持处于网络边缘的集成电路中小企业，提升集成电路产业整体的创新绩效。同时，在长三角一体化区域中，政府应扶持和引导处于IC产业产学研网络位置中心的核心节点，通过核心节点在IC行业内的影响力，吸引更多处于网络边缘的主体与核心节点建立联系及合作关系，发挥产学研网络核心节点的重要作用。政府层面应制订对应的鼓励政策促进核心节点之间多次进行“强强合作”提升彼此的核心竞争能力。

二、行业层面

1. 扩大行业联盟影响力以构建产业共生生态链

如何实现集成电路产业间的联动，已成为制约集成电路产业发展的关键问题。这方面可借鉴国内外集成电路产业领先企业和顶尖高校的做法，如台积电已建立开放式创新平台，推动设计、制造、测封、装备等工作的紧密联结，加速产业链的协同创新；伯克利大学团队将RISC－V指令集彻底开放，2015年非营利组织RISC－V基金会成立，用于负责RISC－V指令集架构及软硬件生态的标准化、保护和推广，目前汇集了谷歌、英伟达、Bluespec、恩智浦半导体等顶级国际公司以及阿里巴巴、华为、中兴通讯等中国企业。目前中国开放指令生态联盟已宣布成立，且已有部分国内知名高校及企业等加入该联盟，但目前加入该联盟的成员都是国内知名企业和学校，行业联盟影响力需要进一步扩大，让更多中小企业能够加入这一联盟中，使大量处于外围的创新主体拥有新的通路与群聚子网络进行联系，拓展自身的创新资源，构建产业生态链，推动IC产业融合发展。在此基础上，国内集成电路产业领先企业可构建开放式创新平台，分享关键基础架构等内容，降低中小企业进入行业门槛及构建基础架构耗费的时间和精力，提升集成电路产业整体知识深度，进一步提高行业创新绩效。

2. 加强产业间联动以营造良性产业生态环境

市场全球化导致国内集成电路产业竞争激烈，为适应全球化竞争，突破IC产业关键核心技术。国内集成电路产业应进一步完善产业链，加强产业间合作与联动，加大产学研网络密度，促进各个产业间的信息交流、技术融合、合作服务等以营造良性产业生态环境。在集成电路产业中，生产、封装、测试、装备、材料等每一环节都是产业发展必不可少的环节，能保障集成电路的最终性能。因此，加强设计、生产、封装、测试、装备、材料等产业间联动，实现IC产业间协同发展，关键核心环节自主可控，保证关键核心技术不被其他国家遏制。集成电路产业间联动可建立在行业联盟的基础上，通过行业联盟中全产业链的资源，促进产业之间的信息交流、技术合作、资源开发等，使知识属性差异较大的小团体之间能产生联系，促进网络整体的联通性。

三、企业层面

1. 增加企业自身结构洞和产学研合作多样性

通过前述对全国和长三角一体化区域的实证研究，发现结构洞数量多对创新绩效有正向效应。对微观主体的企业而言，应尽可能寻找与已合作的主体没有合作关系的第三方主体展开技术方面的合作创新，以增加企业自身的结构洞数量。当企业占据的结构洞数量越多时，其充当“桥梁”的角色越能为更多差异化的主体传递信息和资源，进一步获取更丰富的异质性资源。

基于长三角一体化区域，网络关系强度促进主体创新绩效的实证结果可知，增加产学研合作的多样性能进一步促进微观企业的创新绩效。例如，寻找不同资源和背景的主体进行技术分享合作等；集团内部子公司或者内部研究院进行产学研合作；已合作的主体加深彼此之间的合作关系增加合作频次等。

2. 引进高端人才强化企业自身创新成果产出

集成电路产业作为最能反映知识经济特征的高新技术产业之一，产业知识密集，产品更新迭代快。为应对集成电路产业带来的挑战，对微观主体的企业而言，需要积极招揽集成电路产业一流人才，提升人才长效激励机制。通过引进高端人才促进科技成果转化，企业作为一个平台需要注重自身知识积累，强化专利成果产出。

通过前述实证研究，知识深度对创新绩效有显著促进作用。俗话说，打铁还需自身硬。在激烈的市场竞争中，企业如果不注重创新成果产出，终将会被淘汰。企业应通过多种方式强化自身创新成果产出，从量变到质变突破行业技术壁垒，注重创新成果积累，进而提升创新绩效。

第五章

新兴信息技术背景下平台的创新生态系统

以互联网、数字化技术为主体的新兴信息技术给组织及平台带来深刻变革。本章以新兴信息技术对制造业企业平台建设的组织边界和价值协同的影响为主线，基于平台和边界的基本内涵，分析新兴信息技术背景下平台关键要素特征的全方位演进和核心特征变化，探讨制造业企业平台组织边界重构的必然性和跨界融合的企业平台治理结构的变革，指出数字化时代制造企业平台的成长范式是一种独特的多元化路径的生态性成长，以此为基础构建了新兴信息技术背景下制造业企业平台价值协同与创新生态系统的结构模型，以期提高我国制造业企业平台建设的组织效率和企业绩效，为长三角 G60 科创走廊创新生态系统建设提供借鉴。

第一节　引　　言

我们正处于一个万物互联的数字化时代，工业互联网、大数据、人工智能、云计算、区块链等新兴信息技术的快速发展催生了企业和社会经济结构的深度调整和变革。马文君和蔡跃洲（2020）通过 1.4 万余家样本企业文本分析和挖掘，指出新一代信息技术已成为促进我国经济发展动力变革的重要支撑，但赋能机制的潜力需要进一步发掘。在互联网环境下，经济时空与物理时空原本高度契合的状态发生变化，经济时空的内涵与外延突破物理时空约束向外无限拓展，引发了平台商业模式创新（冯华，2016）。陈春花（2019）认为互联网时代给组织管理带来全新的变化，主要体现在强个体的价值崛起、影响组织绩效的因素由内部转向外部、驾驭不确定性成为组织的核心挑战三个核心特征。新兴信息技术发展给制造业、制造业企业平台及组织带来深度变革。制造业与互联网深度融合，正成为互联网时代重构制造业竞争优势的关键机遇期，而制造业企业平台建设是深化制造业与互联网深度融合的重要突破口。

新一代信息技术与制造业的深度融合是抢占产业发展优势的必然选择，新一代信息技术是新一轮科技革命中创新最活跃、交叉最密集、渗透性最强的领域，通过激发数据核心驱动要素的潜能，正在从生产方式、组织管理、商业模式等多维度重塑我国的制造业。新兴信息技术催生平台经济的发展，新兴信息技术和制造业融合发展，加速制造业生产组织方式变革和生产范式迁移，给企业边界带来了结构性变革。在此背景下，面临严峻变革的制造业企业仅制定战略是不够的，需要将视野扩展到周围的生态系统以及明确核心企业在其中的位置（Paulus - Rohmer，2016）。自 2012 年互联网技术成为基本推动力量以来，开放边界、共生成长成为领先企业的核心特征（陈春花，2019），未来企业的竞争本质上将是创新生态系统的竞争。本章以平台创新生态研究的核心“组织边界重构与价值协同”为切入视角，探讨新兴信息技术背景下制造业企业平台的变革及创新生态系统的构建，以应对外部环境不确定性加剧及共生的创新生态系统给制造业企业发展带来的挑战，提高我国制造业企业的组织绩效和核心竞争力。

第二节　文献回顾与内涵界定

一、企业平台

“平台”一词在学术界被广泛使用，但迄今并无统一的说法和明确的定义。早期经济学领域平台研究确立了“A 市场 + 平台 + B 市场”的基本架构，管理学领域则更多聚焦在平台成长机理、信任机制及创新等平台的内部治理方面。根据平台主要功能，已有研究可大致将平台分为交易平台与技术平台两类，交易平台关注双边市场特征与网络效应，技术平台重点讨论企业平台的建设治理与相应的战略（吕文晶，2019）。朱晓红等（2019）基于前人的研究，归纳出平台型企业均包括双边/多边市场、网络效应和开放性三个主要特征，并认为涵盖该三个特征的经济组织均可称为平台型企业而无须考虑其他因素。刘洋（2017）以 1990 ~ 2016 年 SSCI 数据库作为文献来源分析，指出现有平台研究主体零散、结论不一，缺乏对互补性理论的全景回顾，并搭建了产品、企业—市场—竞争、互联网平台以及信息技术产业四大视角下的平台研究理论框架。宋立丰（2019）认为对平台的核心本质尚未达成一致，导致学术研究中平台组织、平台企业、企业平台化等概念的模糊和泛滥。故“平台”一词不应该作为一个明确的学术概念存在，而是作为一个基础共识或理念性的构念。可以看出，关于平台研究的内容较多，但对新兴信息技术背景下制造业企业平台的演进变革特征关注较少，对制造业企业平台协同共生与价值生态体系构建的内容更少涉及，这凸显了本研究主题的重要性和创新性。基于前述文献的分析和我国制造业企业平台的现实发展状况，结合已有企业平台相关研究，本章将制造业企业平台定义为广义的一个理念性的架构，指面向制造业企业转型升级发展需求，以工业网络、工业云、工业大数据等新兴信息技术为支撑，以人、机器、物料、系统等制造要素的在线化为基础，以研发、生产、孵化等制造能力的开放为核心，推动企业研发生产制造服务全过程、全产业链、全生命周期、全方位创新的基于互联网的开放式企业平台。工业互联网等新兴信息技术正在成为新一轮工业革命和产业变革的焦点，制造业企业平台建设是企业打造网状价值链、适应互联网时代内外部环境的剧烈变革以构建创新生态竞争优势的重要支撑。

二、组织边界

边界是任何组织的基本特征，企业边界是企业的本质属性。学术界一般认为企业边界问题的讨论起源于科斯的交易成本理论，科斯认为边界通常决定着企业的比较优势，是一个重要的战略变量。众多文献对企业边界的研究差异性明显，李纪珍等（2018）归纳了关于企业边界研究的核心观点，如表 5－1 所示。

表 5－1　企业边界的主要理论和核心观点

主要理论	分析视角	界定标准	分析单元	组织目标
交易成本理论	效率观	交易成本的大小	交易	最小化交易成本
产权理论	法律观	控制权	产权	最大化对外部的控制权
企业成长理论	竞争观	资源利用率	资源	最大化利用企业的资源
知识基础观	社会观	员工认知	员工	提供组织凝聚力
社会网络理论	网络观	关系	关系	改善秩序、增进信任

随着互联网等新兴信息技术的发展，学者们更关注外部环境演变对企业边界的影响和行业、企业生态系统的竞争，无边界组织的概念被提出（Ashkenas，1999），企业边界跨越或跨越边界能力成为研究热点。实践中海尔的“无边界”的平台化合作机制，使品牌消费制造类企业发现机会并赢得转型时间（刘旭，2015）。刘洋等（2013）提出后发企业通过研发网

络的地理边界、组织边界和知识边界的拓展来实现创新追赶。对企业边界的关注逐渐从规模边界向能力边界过渡（孟华等，2019），企业价值链整合越来越成为决定企业边界发展的重要因素（苏颖珊，2020）。本章组织边界的重构非特指传统的联盟、并购和拆分等企业边界实质上的具体重构行为，而是基于互联网等新兴信息技术的发展给组织管理带来的变革和创新生态环境的确立，平台对于企业边界带来了结构性变革，企业边界正日益趋于柔性、融合和模糊化的趋势或已经成为正在发生的事实，但现有研究对此关注较少，特别是由此带来的通过企业边界变化提升企业绩效方式的途径以及组织边界的融合对制造业企业平台创新生态的影响，本章将聚焦于此并重点剖析。需要强调的是，一般来说，生态是无边界的，企业生态中总存在尚未被充分利用的创新潜力，但企业管理能力有边界，良好的企业生态治理旨在打造一个更大范围的小世界网络，企业边界实质上更倾向于“系统协调彼此的行为”。

三、文献简要述评

综上关于企业平台和组织边界的文献梳理可以看出，企业平台和组织边界是学术界持续关注的研究热点。特别是平台研究，在新产品开发和运营、技术战略、产业经济学等诸多领域均有涉及，也体现了平台越来越成为竞争关键节点的重要性。但总体看对新兴信息技术背景下制造业企业平台的特征、演进和变革的挑战关注度不够，特别是平台生态系统如何组建，信息技术带来的企业边界柔性、组织边界重构及组织内外价值协同对平台生态系统的影响等研究明显不足。本章将针对新兴信息技术背景下制造业企业平台演化和变革的挑战，更关注外部环境演变对企业边界的影响并聚焦平台治理结构的变革，构建结构模型以分析平台生态系统建设和价值共创机制，以回应互联网数字化时代提升制造业企业的系统整体效率和协同管理的治理逻辑。

第三节　新兴信息技术背景下制造业企业平台的变革

一、新兴信息技术背景下平台的演进特征

随着新一代信息技术的发展，不同细分领域的平台、专业平台及综合平台不断涌现，平台的服务功能、创新模式、治理架构等关键特征已出现明显的变革和演进，这种拥有全新特征和影响力的平台已快速渗透到经济社会各领域，发展成为一种经济形态。如图5－1所示，相对于传统的平台，基于新兴信息技术的平台关键特征和要素特征发生了显著变化。

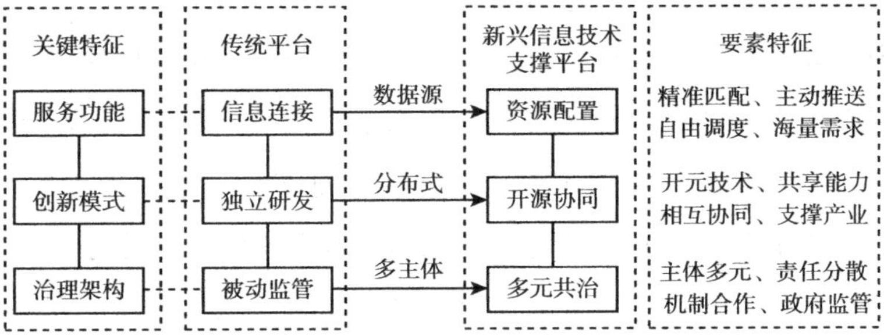

图5－1　新兴信息技术支撑平台的演进特征

相较于能够接入各类服务资源的传统线下线上平台，基于新兴信息技术的平台将数据作为重要生产要素，能够解决承载大规模应用时出现的资源调度问题，并将各类服务资源优化部署以满足海量用户需求，这是服务功能方面的显著演进；创新模式方面，提供以开放资源、弹性可扩展为特征的解决方案正在成为平台的基本能力，越来越多的平台企业采用分布式开源协同创新机制，强化用户体验和服务机制，共享计算、存储、互联等基础能力，相互协同支撑相关产业及应用快速发展，推动开源、共享、协同的社会创新生态环境的构建；平台治理架构方面，随着平台参与主体规

模的扩大和交易范围的扩展，平台治理实践不断适应和完善，逐渐由被动监管发展为政府监管、平台自治、第三方组织参与的多元共治格局。

二、制造业企业平台的核心特征

在互联网、云计算、大数据等新兴信息技术支撑下，传统制造业企业也开启平台化转型之路，已成为推动新一轮工业革命的重要力量，三一重工、航天科工、海尔、美的已推出国内领先的工业互联网平台。工业互联网平台是推动制造业数字化转型的关键载体，作为工业互联网的核心，工业互联网平台通过实现人机物的全面互连，构建起工业全要素、全产业链、全价值链全面连接的新型生产制造服务体系，正在成为促进传统产业转型升级的重要渠道。从本质上看，工业互联网平台实现了工业能力与IT能力的集成、融合和创新，同时通过基于人类知识经验构建的数字孪生体，实现制造资源互联互通互操作，可以推动制造能力软件化、模块化和平台化，从而支持全社会制造资源和能力网络化的动态配置，构建新的制造业生态。

如图5-2所示，相较于传统的制造业企业平台，新兴信息技术支撑下的制造业企业平台的核心特征可以归纳为资源要素池化、业务系统集成化、服务能力开放化、参与机制灵活化以及平台体系生态化等几个方面。

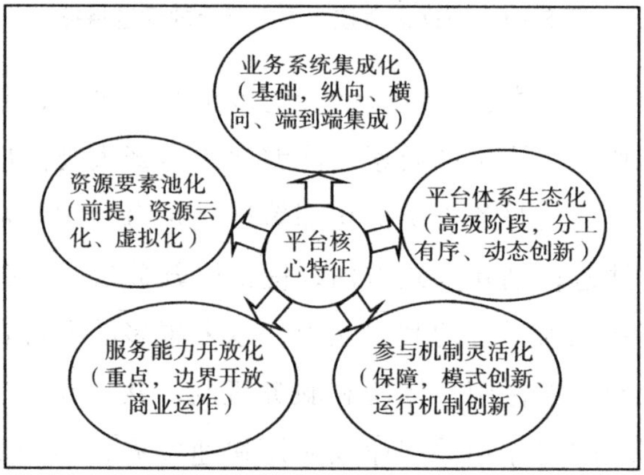

图5-2　新兴信息技术支撑下的制造业平台的核心特征

第一，资源要素池化是前提。在基于云计算架构体系的平台上，推动研发工具、仿真系统、模型库、管理软件、制造执行系统等大型应用软件和数据存储、治理、挖掘、分析逐步向云端迁移，通过虚拟化方式形成巨大的资源池，支撑企业更高效地汇聚、动态配置各类创新资源。第二，业务系统集成化是基础。企业的研发设计、产品、生产、管理的信息化以及业务流程、组织再造等内部系统集成，以此为基础，整合企业内部、企业之间以及企业与用户之间的各类资源，实现数据要素与传统要素之间的跨界融合、资源动态协同和按需优化配置，提高企业的综合效益。第三，服务能力开放化是重点。边界开放，通过互联网搭建需求者和供给者双方共享的商业化平台，将全球互联网及行业先进的技术、知识、产品、理念、模式结合起来，将企业的研发设计、生产制造、物流、人才培训、检验检测等能力交易在线化、市场化，并通过质量认证、企业征信等配套服务完善能力交易市场，为制造企业发展及时提供最佳解决方案。第四，参与机制灵活化是保障。结合企业实际需求，平台在资源整合、管理模式、运行机制、开放服务等方面充分挖掘释放企业、部门、环节、员工的创新潜力，形成基于互联网的新型制造业发展模式。第五，平台体系生态化是高级阶段和最终目标。围绕生态系统主导权的竞争是产业竞争的最高形态，本质上仍是“平台+服务提供商+用户”生态资源的整合，要求企业不断优化功能定位、更新管理参量、拓展服务边界，不断提升平台价值链和价值网络，形成分工有序、协同创新的生态体系。

三、组织边界重构下企业平台治理结构的变革

新兴信息技术支撑下的企业平台对于传统制造业企业的组织边界带来了结构性变革，平台使得企业边界不再受缚于自身的资源约束，为企业边界融合提供了空间，为边界重构带来了无限的可能性。平台革命的具体根源是平台构建的网状价值链乃至价值生态系统替代了传统模式的线性

价值链。企业的边界因顾客而存在，价值生态系统模糊了产业和企业边界、模糊了传统意义上企业与顾客的界限（王海杰，2019）。数字化时代，企业的价值创造和获取方式更表现为从“边界约束”向“跨界协同”转变。满足顾客新的需求变化的可能不是企业本身而是价值链上或者价值网络、价值生态系统内的合作者，传统的企业边界打开，通过生态系统的合作使企业拥有了满足顾客需求的新能力，实现企业和顾客的无边界融合，提升了组织效率，这是重构企业边界、实现组织柔性的本质。组织的边界不是形式上的，而是实质上的，那就是系统协调彼此的行为。

新兴信息技术支撑下的企业平台需要灵活性，非结构化，划小单元，去中心化，使得组织重焕活力。一方面要打破企业内部的“部门墙”，推动形成自我组织、自我适应的“液态”组织，使组织内部相互赋能；另一方面更需要组合新的能力，打破外部的边界，链接价值链上下游企业和优势资源，构建和其他相关产业、顾客、资本的共生网络，在原有产业基础上跨越不同行业壁垒，实现跨界融合发展。借鉴李纪珍（2018）的观点，新兴信息技术的发展通过平台治理结构提升组织效率和企业绩效可通过两种方式，一方面，促进企业内外部价值链的垂直整合，缩小了企业的规模边界；另一方面，促进企业的多元化发展，扩大竞争和合作边界，利于价值生态系统的形成，如图5-3所示。

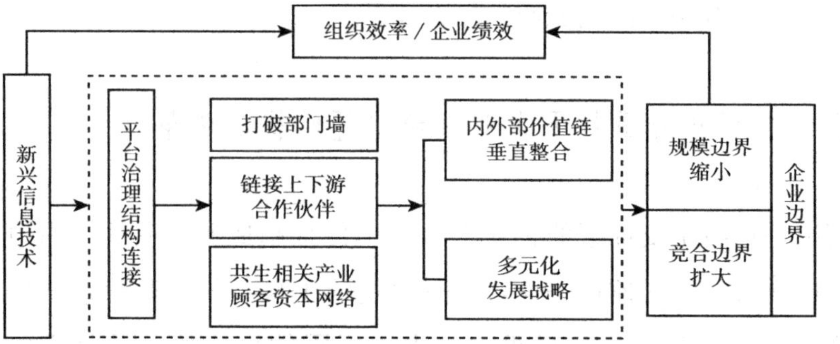

图5-3 基于信息技术的企业边界变化与企业绩效

第四节 制造业企业平台多元主体的协同创新生态体系

一、组织边界的融合与组织内外协同是基础

企业边界的柔性和模糊，是现今新兴信息技术支撑下的制造企业成功的显著边界特征。平台的本质是界面规则，平台的作用在于突破企业边界，为价值共创提供可持续成长的“土壤”（宋立丰，2019）。企业能否获得不断重塑边界之能力，取决于能否在企业内外部构建资源流动与分享的协同机制。“三螺旋”理论、“四螺旋”理论、“政产学研用协同创新”等是目前国内外主流的创新理论，其理论取向集中于多元主体的组织边界突破、融合以及组织内外的协同。

经典的“三螺旋”理论是把大学、企业、政府比作三个螺旋，三类主体在相互作用的动态创新过程中使创新系统不断提升的过程。“三螺旋”理论主要强调大学、企业和政府的协同创新关系，强调三类组织创新边界的模糊，在职能上相互补充，彼此作用形成新的创新动力。如图 5 – 4 所示，大学 U、企业 I 和政府 G 三大主体间知识信息流动方式有 3 种，分别为参与主体各自的内部交流变化、两个主体之间实现信息的交流互换以及三主体重叠形成的混合型，分别对应图 5 – 4 中①所示（I \ G \ U）、②所示（G – I \ I – U \ G – U）以及③所示（I – G – U）。三种信息流中混合型是沟通最广泛、交流最活跃的形式，三者共同推动创新螺旋上升。在“三螺旋”理论的基础上，有学者提出“四螺旋”理论，是指独立于“三螺旋”之外的广义中介机构为代表的催化螺旋，是起支撑、纽带、中介、催化、优化作用的第四股力量（肖国华，2020）。政产学研用协同创新中，以用户需求为导向整合内外部资源以匹配环境，是实施平台化战略转型的

关键（戴南，2020）。用户市场需求因素不仅表现为用户（顾客）的购买能力，更包含具备创新能力的用户本身。用户同时也是一个重要的开放式创新源，为平台提供了一个价值创造的新途径，平台应设计出科学的激励机制以激发用户在产学研用协同创新中独特的创新源作用（刘洪民，2017）。

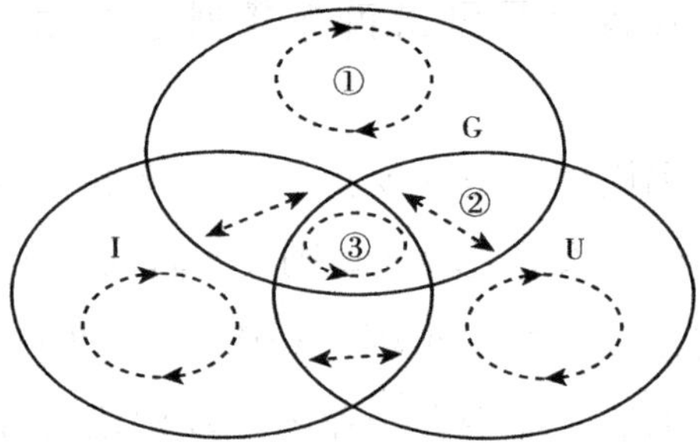

图 5-4 “三螺旋”理论三大主体边界及信息流动方式

无论是经典的大学、企业、政府“三螺旋”，还是扩展后包括情报信息咨询、技术转移、金融投资、科技中介等在内的广义中介机构的“四螺旋”以及政产学研用协同创新，围绕多元创新和制造业企业平台建设，其核心是多元主体组织边界的开放、融通、交互和知识流动。陈春花（2019）认为，互联网技术自 2012 年成为基本推动力量以来，开放边界、共生成长成为领先企业的核心特征。组织内和组织间协同成为效率的重要来源，平台整合效率将更加依赖组织内和组织间的价值协同来实现。

二、制造业企业平台创新生态系统的构建

Rong 等（2013）揭示了企业价值生态中的平台包含三大要素：互动的界面、共同价值的创造及网络的形成。生态实质上是企业影响力范围内的一系列自组织主体所构成的社区，制造业企业平台价值生态是介于企业自身和外部环境之间的战略空间。数字化浪潮下，这一空间成为企业不可忽

视的竞争优势来源。价值生态通过协同演进实现持续竞争优势，如图5-5所示，数字化时代制造企业平台的生态型成长范式是一种独特的多元化路径的生态性成长，在生态链构建的不同阶段，呈现出动态性、阶段性及多维性等特征。从生态资源出发，成员复用、资源互补，到促进多成员之间的复杂互动，达到多角色互补、行为依赖。在互动中新的资源和能力被创造出来，资源创生、竞争相依。最后基于多种互补性资源的分工协调，实现网络效应，达到共生相依互为主体的共生模式。一般情况下，生态链和价值网络在发展过程中逐渐形成从资源互补、成员复用到最终形成网络效应、共生相依的阶段。

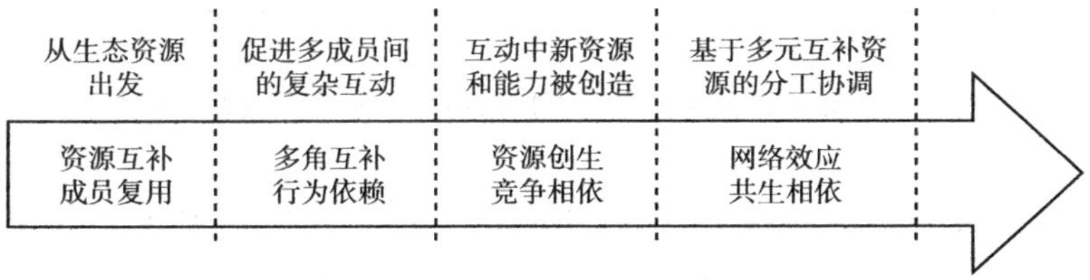

图5-5　数字化时代制造企业平台的生态型成长范式

组织边界的融合与组织内外协同为制造业企业平台的价值生态体系打下了基础，内外分享机制的确立是边界重塑的保障。基于上述企业平台的生态型成长范式，围绕制造业企业平台的创新生态体系，制造业企业平台管理者要在确保边界柔性、可渗透的前提下，凭借技术穿透构建企业内外部资源流动与分享的协同机制，以确保形成基于价值贡献的多主体生态系统。如图5-6所示，构建制造业企业平台价值协同共生与创新生态系统结构模型。该结构模型中，构成要素主要包括多元主体、技术基础和环境建设三类要素。多元主体是最关键的要素，基于平台实现边界融合和信息流、知识流的链接交互，推动价值创造方式从价值链向价值创新网络和价值创新生态转变。技术基础设施要素和平台运营环境建设要素是支撑平台价值创造活动、调动各多元主体协同价值取向的重要支撑和保障。

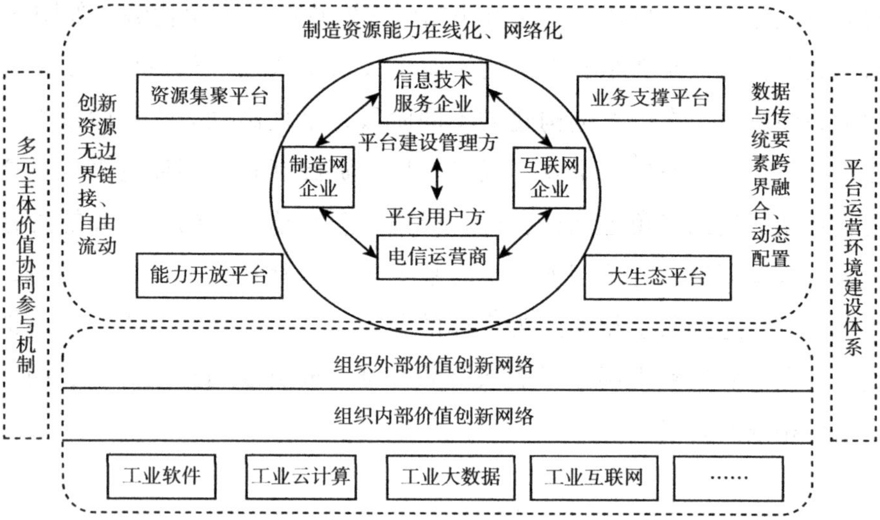

图5-6 制造业企业平台价值协同与创新生态系统结构模型

平台的核心是在制造资源能力在线化、网络化的基础上，围绕资源集聚、业务支撑、能力开放和大生态，建立多元主体价值协同的参与机制和塑造协同价值取向，实现创新资源的无边界链接和自由流动，以及数据与传统要素的跨界融合和动态配置。制造业企业平台要积极推动技术融合，加强组织内外部价值创新网络协同，推动工业互联网、工业大数据、工业云计算、人工智能、区块链等新兴信息技术基础设施和制造业融合发展，加快生产组织方式变革和生产范式迁移。

三、结论与启示

工业互联网、数字化技术等新兴信息技术的快速发展催生了平台经济的发展，给制造业企业组织变革带来了“危”与“机”的双重影响。外部资源的高效链接和协同共生已日益成为制造业企业提升整体效率和竞争优势的必然选择，这其中关键要素是企业边界的重构和组织内外的价值协同，构建良好的制造业企业平台创新生态系统是获得并实施这些关键要素的重要途径。然而，我国制造业企业在这方面刚刚起步，理念上的认识提升和实践上的借鉴都还存在巨大的空间。本章基于新兴信息技术对制造业企业平台建设的组织边界和价值生态的影响主线，在对企业平台和组织边界文献回顾与内涵界定的基础上，结合理论分析和现实观察，主要得出以下结论。

（1）基于新兴信息技术的企业平台在服务功能、创新模式、治理架构等关键特征方面进行了全方位演进，在此基础上的制造业企业平台特征也发生了显著变革，可以归纳为资源要素池化、业务系统集成化、服务能力开放化、参与机制灵活化以及平台体系生态化五项核心特征。

（2）新兴信息技术支撑下的企业平台为组织边界融合和重构提供了空间。通过平台治理结构的改善，新兴信息技术一方面促进企业内外部价值链的垂直整合，缩小企业的规模边界；另一方面，促进企业的多元化发展，扩大竞争和合作边界，利于价值生态的形成。

（3）企业边界的柔性和模糊，是现今新兴信息技术支撑下的制造业企业成功的显著边界特征。无论是经典的“三螺旋”理论、发展的“四螺旋”理论还是当代学术界主流的“政产学研用协同创新”理论，组织边界的融合与组织内外协同是制造业企业平台创新生态体系形成的基础。

（4）数字化时代制造业企业平台的成长范式是一种独特的多元化路径的生态性成长，生态链和价值网络在发展过程中逐渐形成从资源互补、成员复用到最终形成网络效应、共生相依的阶段。基于平台的生态型成长范式，制造业企业平台要在确保边界柔性、可渗透的前提下，以多元主体、技术基础和环境建设三类要素为基础，凭借技术穿透建立企业内外部资源流动与分享的协同机制，构建制造业企业平台创新生态体系。

需要说明的是，以互联网与数字技术为代表的新兴信息技术给社会带来了前所未有的发展和变化，新旧范式转换将迎来平台变革的新时代。本章针对此现实背景，仅是基于组织边界重构与价值协同的视角，对制造业企业平台的创新生态系统建设进行了框架型研究，期望为制造业企业平台建设的实施提供借鉴和依据。但新兴信息技术革命背景下的制造业企业平台创新生态构建具有非常的复杂性，这方面的相关研究才刚刚起步，今后需要聚焦我国制造业企业平台建设的实践和具体运用情景，进一步完善模型框架，使之在理论上系统化，在管理实践上更具应用性。

第六章

长三角 G60 科创走廊产业集群的生态治理

产业集群是区域创新系统的一种重要实现方式，也是提升区域竞争力的重要方式。创新是区域发展最根本的内在动力，但是由于创新活动的复杂性，企业很难单独开展创新活动，往往需要多个相关企业及科研部门的共同参与，创新才可能获得成功，这一要求恰好为产业集群的网络特性所体现。国内外经济学家的研究提出，产业集群将是推动未来区域经济增长的“加速器”。产业集群从整体出发挖掘特定区域的竞争优势。产业集群突破了企业和单一产业的边界，着眼于一个特定区域中，具有竞争和合作关系的企业、相关机构、政府、民间组织等的互动，有利于从一个区域整体来系统思考经济、社会的协调发展。本章简要分析长三角 G60 科创走廊产业集群一体化发展现状，阐述产业集群促进区域创新系统内部创新集成的机理及产生创新协同效应的条件，分析产业集群的治理逻辑和机制，为长三角 G60 科创走廊产业集群和创新生态发展提供借鉴。

第一节　长三角 G60 科创走廊产业集群发展状况

长三角 G60 科创走廊以上海松江枢纽为起点，依托 G60 高速公路和正在建设的沪苏湖高铁这两个交通大通道延伸出两条线，一条串联起嘉兴、杭州、金华，另一条串联起苏州、湖州、宣城、芜湖、合肥等城市，通过集聚科创资源、科创人才等要素打造科创产业集群。长三角 G60 科创走廊自成立以来，产业集群一体化发展正加速推进中。科创走廊九城市依托各自产业优势，已建立十五个产业联盟、一个产业园区联盟和十一个产业合作示范园区（见表 6－1），推进产业一体化布局和各类高端要素对接，推进产业链与创新链深度融合，成为长三角 G60 科创走廊跨省市协同创新融合发展和产业集群引领升级的重要载体，产业集群正向效应日益显现。通过产业联盟联动发展，助力九城市产业链补链固链强链和产业一体化发展，把各自优势变成整体优势，增强了产业整体竞争力。以第十五个长三角 G60 科创走廊专精特新中小企业协作联盟为例，长三角 G60 科创走廊九城市共培育国家级专精特新“小巨人”企业 339 家，占全国 6.89%，所培育的国家级、省级和市级“专精特新”企业特色鲜明，数量在各省区市均名列前茅。2018 年 9 月，工信部赛迪研究院发布“中国先进制造业发展指数”，成立不久的 G60 科创走廊综合排名位列先进制造业十大代表性集群第一。

表 6－1　长三角 G60 科创走廊产业联盟一览表

序号	产业联盟名称	成立时间	牵头城市
1	长三角 G60 科创走廊新材料产业技术创新联盟	2018.11	金华
2	长三角 G60 科创走廊机器人产业联盟	2018.12	芜湖
3	长三角 G60 科创走廊智能驾驶产业联盟	2019.04	苏州
4	长三角 G60 科创走廊新能源产业联盟	2019.04	宣城
5	长三角 G60 科创走廊新能源和网联汽车产业联盟	2019.04	合肥
6	长三角 G60 科创走廊人工智能产业联盟	2019.05	松江
7	长三角 G60 科创走廊生物医药产业联盟	2019.05	杭州
8	长三角 G60 科创走廊集成电路产业联盟	2019.06	苏州
9	长三角 G60 科创走廊智能装备产业联盟	2019.08	湖州
10	长三角 G60 科创走廊智慧安防产业联盟	2019.09	松江
11	长三角 G60 科创走廊跨境电商产业联盟	2019.11	杭州
12	长三角 G60 科创走廊环境产业技术创新联盟	2020.09	合肥

续表

序号	产业联盟名称	成立时间	牵头城市
13	长三角 G60 科创走廊通航产业联盟	2020.10	芜湖
14	长三角 G60 科创走廊光伏协同创新产业联盟	2021.05	嘉兴
15	长三角 G60 科创走廊专精特新中小企业协作联盟	2021.11	松江
*	长三角 G60 科创走廊产业园区联盟（综合性产业联盟，苏州工业园区为第一届理事长单位）	2019.06	苏州

政策体系方面，《长三角 G60 科创走廊“十四五”先进制造业产业协同发展规划》《长三角 G60 科创走廊打造具有国际影响力的科创走廊和我国重要创新策源地指标体系》瞄准国际先进科创能力和产业体系，聚焦持续推进“从 0 到 1”科技和制度重大创新突破，催生产业经济化茧为蝶的高质量发展蝶变、催化长三角创新要素集群聚变、激发产业链新动能加速裂变。

总体而言，长三角 G60 科创走廊九城市积极探索产业合作模式，以产业联盟助推产业集群发展，区域产业覆盖范围广、协同深，战略性新兴产业和高新技术产业集群效应显著。长三角 G60 科创走廊产业集群的实践证明，在区域创新生态系统内，产业集群效应降低企业的技术创新成本，专业化分工协作提高企业技术创新效率，集群弥补创新资源的不足，促进创新扩散，降低企业创新风险，具有极强的外部性和知识溢出，更能够促进企业集成创新和协同创新。但需要强调的是，产业集群促进区域内集群企业内协同创新，促进产业集群升级，促进区域创新生态系统的自演化和良性循环，需要遵循一定的治理逻辑和治理机制，产业集群是创新协同效应的必要非充分条件，可探讨的基础理论空间还很大。

第二节　产业集群与区域系统内部创新集成

产业集群作为一种既不同于企业也不同于市场的中间性组织形式，能够节约交易费用、提高经济效率、增强抗风险能力，通过企业间的竞争与协作，能够激发更多的创新活动。现代经济学认为，产业集群是指在一定区域范围内，以市场为导向，以中小企业为主体，产品集中生产、专业化协作配套的企业以及各种相关机构、组织等集聚发展的经济现象。与分散的产业发展模式相比，产业集群能够实现规模效应、集聚效应，降低生产成本和交易成本，从而形成竞争优势。不仅如此，产业集群内各企业之间的竞争合作还能激发创新活力，推动企业技术创新、组织创新和制度创新。产业集群通过空间集聚而形成的持续竞争优势，成为很多地区和国家经济发展的强大支撑。

政府层面，科技部启动实施了“创新型产业集群建设工程”。创新型产业集群是指产业链相关联企业、研发和服务机构在特定区域集聚，通过分工合作和协同创新，形成具有跨行业跨区域带动作用和国际竞争力的产业组织形态。该项工作的整体思路是通过加强政府引导、制定发展规划、优化市场配置和提升产业链协同创新等措施，促进传统产业转型升级和新兴产业培育发展，从而提升区域和产业的整体创新能力及国际竞争力。截至目前，已在全国范围内遴选了61个创新型产业集群试点单位和47个创新型产业集群试点（培育）单位。当前组织的竞争形态，已经由单体企业之间单一的竞争，演变为产业集群内部企业与企业之间的原子式竞争、集群与集群平台之间的竞争、集群与非集群之间的混合竞争，以及本国集群与国外集群之间的全球竞争。产业集群给企业带来了技术创新优势，集群可视为一种支撑企业创新的环境平台，更应当作为一个整体上有机的经济系统。从这个视角来审视，产业集群不仅促进了单个企业具有个体特征的自发性创新而且还促进了创新的有序集成，使集群成员的技术创新活动及成果互相协调，从而提高了集群的整体创新功能。集成从管理的角度来说是一种创造性的融合过程，并在各要素的结合过程中注入创造性的思维。也就是说，要素仅仅是一般性地结合在一起并不能称为集成。只有当要素经过主动的优化，选择搭配，相互之间以最合理的结构形式结合在一起，形成一个由适宜要素组成的、相互优势互补、匹配的有机体，这样的过程才称为集成。产业集群中的创新集成可以分为两个方面，即相对于不同价值链环节的纵向集成和处于同一价值链环节的横向集成。作为一个有机的经济系统，产业集群内在的挤压效应和集体学习机制促进了创新的集成。

一、挤压效应为创新集成提供动力条件

产业集群中挤压效应的存在为创新集成提供了动力上的条件。所谓挤压效应，是指由于一部分集群企业的创新活动及其成果的出现，会带动相关企业进行技术创新，以应对由此带来的竞争压力。这里的相关企业也包括两类，即具有产业链前后向联系的企业和同一价值环节中的企业。

对前者而言，由于自己的客户或者供应商实现了在某技术上的创新，在投入产出系统上会有渐进或根本的改变。而这种改变传递到自己这里，就可能会要求做出相应的调整。事实上，这种调整的紧迫性取决于该企业相对于自己前向或后向创新者的议价能力。如果自己处于被动地位，它受后者创新挤压的力度就很大，特别是如果同行中存在潜在的创新者时就更是如此。正是因为有这种挤压效应的存在，纵向上的集群创新集成才有实现的可能。

同行企业之间的创新挤压效应更容易理解。在一个有效市场的环境里，创新者的创新成果会被购买者很快察觉到，从而获得更多的订单，而同行的非创新者则面临失去市场份额甚至死亡的危险。这迫使后者采取措施以应对挑战，创新是其中一种选择。不过，同行技术创新并不必然导致对其他企业的创新挤压，其主要原因有两个方面：一是客观上的原因，那就是市场并不完全有效，存在信息不对称，从而使得创新者及其创新产品难以被发现。事实上，由于区域形象共享效应，外部的客户对于集群产品的甄别总会受到干扰，如此一来，非创新者就有可能不会受到创新者的很大冲击，挤压的力度就非常有限。二是主观上的原因，即企业可以通过模仿、

仿冒创新者的产品或者价格战等手段来应对挑战，而不必借助创新。企业采用上述手段的成本越低、效果越好，同行创新对其的挤压效应就越不明显，从而横向创新集成的可能性就越小。因此，要保证必要的创新挤压效应，在集群中形成一种良性的竞争机制非常重要。它要求这种竞争机制必须基于市场秩序规范，以使企业实施非创新竞争策略的成本加大，从而迫使它选择通过技术创新来应对同行的挤压。

二、集群学习为创新集成提供实现的机制

集群学习概念是欧洲区域创新环境研究小组（GREMI）的学者们在研究欧洲高新产业区的过程中提出来的。其本意是指产业区（集群）内的成员企业为了应对技术不确定性的挑战而协调行动，本质上是知识空间转移的一种有效载体。集群学习的关键特征有三点：一是学习主体的多元性，二是实施中的协调性，三是利益上的互惠性。根据集群学习参与者的相互关系，可以将集群学习分为三类：第一类是集群中有前后向联系的企业参与的集群学习；第二类是同一价值环节中的同行之间的集群学习；第三类就是前两类的结合，它既有前后向企业之间的集群学习，又有同行企业之间的集群学习。

一般来说，前后向企业的集群学习是推动集群中纵向创新集成的有效机制。这种推动作用是通过以下三个方面实现的：首先，前后向企业的沟通有助于它们认识到存在于彼此间的创新缝隙，从而提出创新集成的方向；其次，前后向的协调与合作为创新集成准备了必要的资源尤其是知识资源，供应链上的知识共享一直被认为是创新的重要来源，在集群学习的框架下，先创新的一方往往能为有待创新的一方提供必要的技术支持从而拉动创新；最后，由于创新建立在前后向企业的良好沟通上，其需求是相对明确的，从而可以保证其商业前景，并在一定程度上消除了创新成果的市场化风险，因此可以从利益上保障创新的集成。在产业集群中，前后向企业间的集群

学习有多种组织形式。比较常见的有互相派遣技术人员提供技术咨询或接受技术培训、组建联合研究所进行合作创新、通过建立供应商协会实现制度化的知识共享等。

与前后向企业的集群学习不同，同行企业间的集群学习主要是有助于促进技术创新的横向集成。由于同行之间有明显的竞争和利害冲突，因此有意识的合作相对而言是比较困难的。但是，如在大家面对同样一个严峻挑战或者同样一个诱人的创新机会，却没有任何企业具有相应的资源实力来独立开展创新活动时，那么为了降低风险，横向的集群学习也会成为这些企业的选择。通过这种合作的学习，同行企业之间可以分享创新的成果，使各自的价值创造功能都有所提高，从而使所在价值环节得到优化。除了有意识的合作之外，同行之间还可能进行非正式的知识共享，其具体形式包括人员的流动以及平时的交谈等。这些途径同样会使创新者的知识外溢到同行那里去，并可能与其已有的知识基础相结合，催化出新的创新。一般来说，如果同行之间的集群学习能够得到第三方力量的推动，将会更为有效。

三、产业集群与区域创新协同效应

产业集群是现代产业发展的重要组织形式，不仅是地区经济发展的主导力量，而且是国际经济竞争的战略性力量。产业柔性集聚体与区域竞争力理论研究与发展的实践表明，一个国家或地区竞争优势的获得来源于产业在其内部集聚过程中所获得的优势。产业集群在创新方面所带来的整体创新绩效会远远大于在非集群环境中企业单个创新绩效之和，即产业集群具有显著的创新协同效应。产业集群的创新协同效应主要是指集群的各个企业在技术创新中通过共同分担研发成本、分散创新风险、发挥各自比较优势并增强核心能力、整合集群中各个成员的互补资源，来克服创新过程的障碍并加快创新的进度等。但是，集群化与创新协同效应之间并不是一个简单的线性关系，也就是说，产业集群并非天然具备产生创新协同效应的能力。企业参与集群是为了能分享创新协同效应所带来的好处，这仅仅是合作各方的心理预期，但预期并不一定就成为现实。认为只要企业“扎堆”到一起就自然而然地将产生显著的创新绩效是没有道理的。

实际上，我们虽然看到一些产业集群（如美国的硅谷）有着无可匹敌的技术创新活力，但世界上也有相当一部分的产业集群不仅没有显示出技术创新优势，反而由于缺乏技术创新而一步步走向衰落。众所周知，产业集群中成员之间的关系主要是靠非正式机制来协调的，也就是说，它与企业内部使用管理权威来协调内部关系的方法不同，它并没有强制性和权威性。由于集群内的成员之间是相互独立的，由于对产业集群的集群效应和更大利益的追求使它们走到了一起。但由于各自利益的不一致性，集群成员就容易产生机会主义的倾向。如果机会主义蔓延，则会出现“柠檬市场”现象，这样将会极大抑制集群理论上创新优势的发挥。

由此可见，产业集群的形成是取得协同创新效应的必要条件，但不是充分条件。产业集群是否能够真正实现其协同创新的功能，关键在于能否对之进行有效的集群治理。

四、产业集群的治理逻辑

（一）产业集群的成员主体

产业集群中的成员主要包括企业、大学或研究机构、政府及公共部门（民间组织）、中介服务机构以及金融机构，它们在集群协同创新活动中发挥着各自的作用。

（1）企业：这是指集群中各个进行专业化生产的原材料或半成品供应商、成品的生产商、分包商、销售代理商、各种形式的企业服务商等。它既包括数量众多的中小企业，也包括一些大企业。企业是集群中最重要的经济单元，也是进行技术创新活动实现创新增值的最直接行为主体。

（2）大学和研究机构：作为知识、技术的支撑机构，大学和各种研究机构不仅可以创造新思想、新知识、新技术，还可以通过教育、培训以及成果转化等方式，有效地促进知识、信息、技术等的扩散或市场价值的实现。大学或研究机构是集群中参与技术创新的重要主体。集群中是否拥有高水平的大学或研究机构，以及能否充分发挥它们在参与技术创新活动中的作用，是集群能否有效实现协同创新功能的重要因素。

（3）中介服务机构：这主要指于技术创新过程中在技术的供方和技术的用方之间起桥梁作用的机构。它包括产业集群内存在的各种行业协会、商会、创业服务中心等组织机构以及律师事务所、会计师事务所等各种形式的中介机构。作为市场的中介，这些组织部门兼具市场的灵活性与公共服务性等两个方面的特点。它们不仅可以有效协调与规范企业的市场行为，促进创新资源的合理配置，而且还能帮助政府部门和市场激活资源，进而增强集群内创新活力。

（4）政府及公共部门：政府（主要指地方政府）及公共部门不是创新活动的直接参与主体，但在积极营造创新环境、促进创新合作关系的形成与发展、有效规范市场行为以及挖掘潜在创新资源等方面，发挥着不可替代的作用。政府部门同样在集群内创新的行为主体之间扮演桥梁的角色，并通过积极参与营造创新氛围，促进知识、信息的传递与扩散。

（5）金融机构：既包括银行机构或金融组织，也包括一些商业银行或投资机构等企业性质的金融组织。在发达的产业集群中，往往集群了大量的金融机构，如创新基金、风险投资机构、商业银行以及证券市场等。它们提供的金融资本为技术创新活动提供了有力的财务支持。

总的来说，集群各个成员在协同创新的过程中，各自发挥的作用存在差别。其中，企业是直接参与技术创新活动的最主要的行为主体，经常处于创新研究的中心位置。大学和研究机构也直接参与技术创新，但其知识、技术成果等只有转化成企业的产品并在市场上实现价值，才能够完成创新活动的整个过程；大学或研究机构通过教育、培训提供的新知识和新思想也必须渗透到企业的决策与生产经营管理中，才能够实现创新的价值。集群内中介服务机构和政府部门、金融机构等行为主体，则主要是通过为技术创新的直接主体提供良好的创新环境条件和相关服务，间接参与技术创新活动和过程。

（二）产业集群的成员关系

集群中成员的互动是建立在集群成员间的关系之上的，这种关系以两种嵌入的方式影响成员间的互动：一是关系嵌入。它是以双边交易的质量为基础，表现为交易双方重视彼此间的需要与目标的程度，以及在信用、信任和信息共享上所展示的行为。二是结构嵌入，它可以看作群体成员间共同合约相互连接的扩展，这意味着组织间不仅具有双边关系，而且与第三方有同样的关系，使得群体间通过第三方进行间接连接，并形成以系统为特征的关联结构。因此，结构嵌入是众多参与者相互互动的函数。在此关系基础之上，会产生成员之间的互动行为，而长期的互动合作反过来又进一步强化相互之间的关系，增强集群组织的吸引力与凝聚力。

成员之间的互动既不是通过市场交易，也不是通过企业的内部一体化过程实现的，而是通过成员间的彼此协调来完成的。成员间的互动将会产生协同效应，但协同有正协同和负协同之分。正协同是重复博弈的集体理性所形成的帕累托改进，它产生“社会促进效应”。产业集群中的正协同对技术创新产生积极的协同效应，这正是我们所希望看到的。而负协同产生的是“社会惰化”，造成“三个和尚没水喝”的负面结果，这会极大地破坏产业集群对技术创新的促进作用。正协同对互动的反作用加强了企业间的联系，增强了彼此依赖程度，提升了互动频率，使协作关系更加持久，有利于培育共同的商业伦理，了解对方的资源、战略、需求与能力，增进相互之间的适应性。

为了使成员间发生良性的互动，并由良性的互动对技术创新产生积极的协同效应，就需要一套完善的集群治理机制，以保证从集群成员间关系到成员间良性的互动，以产生正协同的过程能够顺利地进行。大量研究表明，在绝大多数成功的产业集群中，成员企业为了创新而与集群中的其他主体发展了各种正式和非正式的合作关系，创新正是在这样的正式与非正式的关系中产生和完成的。产业集群的基本构架可以看成是在集群范围内，各个行为主体在相互作用与协同创新的过程中，彼此建立起各种相对稳定的、能够促进技术创新的、正式或非正式的关系总和。

集群成员之间的关系主要有两类关系：一种是集群成员在经济活动中所形成的基于正式契约的合作关系，可将其称为经济关系：另一种是集群成员在社会交往中所形成的非正式的或非契约关系，可以将其称为社会关系。

集群中成员间的经济关系表现为集群内的企业在其设计、技术开发、生产、市场营销等创造价值的活动（主要是指集群内的产业价值链上下游各环节之间的价值创造活动）中，选择性地与其他企业或行为主体所结成长期的稳定关系，如企业通过合资、分包、战略联盟等结成的市场交易关系、供应商—分包商关系等，还有企业与大学或研究机构在共同参与技术合作、知识技术扩散等活动过程中而结成研究开发合作关系或者技术交易关系等，以及企业与公共部门、中介服务机构在教育、培训、公共政策扶持等方面所形成的关系。

集群成员间的社会关系，是指集群内各行为主体在相互作用过程中产生的非正式或非契约关系。这些非正式的关系主要是基于共同的社会文化背景基础上建立的人与人之间的社会关系，包括企业内部各阶层的管理者、技术专家和生产工人之间的交流，企业家之间、企业内部职工与大学的人员、政府官员等非市场交易活动中建立的公共关系或个人之间的人际关系。这些关系往往是在非正式的交流与接触中、频繁交易或合作过程中基于彼此信任而建立的，所以相对较稳定。

各种社会关系的构筑，虽然需要依赖人工产品或有形物质，但更为关键的是依赖人与人之间的共同经历或社会文化背景以及彼此的信任基础。知识在这种非正式的关系中传递与扩散的方式，往往是通过人与人之间有效的非正式交流或频繁接触而进行的，它能够更有效地传递和扩散隐含知识，从而更有效地推动人力资本和知识产生的社会化过程，加速技术创新的速度和效率。

第三节　产业集群的治理机制及对长三角G60产业集群的启示

创新能力不足是我国产业集群升级的最大“瓶颈”，如何围绕完善创新链来构建良好的创新生态系统是提高产业集群创新能力的重要路径，亟须产业集群的科学治理。产业集群的治理需要依靠集群的治理机制来实现。所谓机制，泛指一个系统的组织或部分之间相互作用的过程和方式。从一般意义上理解，机制可以认为是与实现一个系统运行有关的一切组织机构、方法、制度、规章、习惯等体系。它或有形或无形，贯穿于整个系统的运行过程中，对实现系统目标具有决定性的作用。产业集群能否成功运作，关键在于其治理机制能否保证集群中的合作各方有强大的动机不去利用信息不对称和不完全契约而谋取私利，能否保证合作成员同步互动且有序高效协作。而这种高效的成员间的互动将有力地推动技术创新，充分发挥集群的技术创新优势。有效的治理机制可抑制机会主义行为，而缺乏有效的治理机制，合作者的不同利益所引起的激励问题将会扭曲合作行为并使合作关系失效。

在产业集群中，机会主义和激励等问题可以通过正式和非正式的机制来解决。正式的机制是指集群成员之间的合法契约与权威、命令、法律、合约等官僚结构；而非正式的机制是指信任、承诺、沟通、纽带等社会系统。由于正式机制中的官僚结构通常属于产业集群的非可控因素，所以产业集群中的机会主义、激励等问题就主要依靠集群成员之间的合法契约与非正式机制来解决。集群治理机制则主要是指非正式治理机制，即为保证集群有序运作而对集群中成员行为起到制约与调节作用的非正式的宏观规范与微观准则的总和。它的作用在于制约与调节集群中合作各方的行为，使其在合作过程中必须在违规所得与现有伙伴以及潜在伙伴丧失之间做出抉择，必须权衡短期利益与持续交易的长期利益。为了保证集群组织的有序运作，促进集群成员间的良性互动，进而实现协同效应，需要从宏观和微观两个层面建立有效的集群治理机制。

一、产业集群治理的宏观机制

宏观机制即社会机制，主要包括信任、声誉、联合制裁和文化等。

（1）信任。信任是集群成员进行合作的基础，它联结合作各方，提供必要的弹性，降低交易成本和合作关系的复杂度。例如，在合作伙伴间建立起信任关系，就不需要签订明确契约来规定成员的行为方式，非正式治理机制因此而逐渐被接受。大量的研究证实，信任可以消除集群成员在外部资源选择、文化侵蚀、知识产权保护、核心资源维持等方面的顾虑。但信任不是在真空中产生的，而必须将之嵌入社会关系之中。关系运作是建立和增强信任的基础，反过来信任又是建立互赖合作关系的条件，是合作关系赖以存续的基础。此外，信任还可从一些已得到信任的第三方向其他结点转移。信任的这种可传递特性为合作关系的建立提供了可能。反过来，社会关系有利于相互之间确认和了解彼此的能力，有利于获取有关合作者资源与能力的知识，有利于在相互评估中获得信任。

（2）声誉。声誉是一种社会记忆，包括合作者的特征、技能、可靠性和其他与交易相关的属性。随着环境不确定性的增加，交易各方更关心自身的形象与合作者的声誉。良好的声誉记录与成功的形象表现是深入合作的基础，它通过阻止欺骗行为来强化合作保证交易。由于集群中存在的多重联结关系，企业的声誉会迅速地传播，关于违反合作精神的信息在集群成员中广泛传播，也可能扩散到未来潜在的合作伙伴中。在任何一次交易中的违规行为都可能导致声誉损失，对丧失声誉的个体而言都是损失惨重的，对自身信誉的关注将降低集群成员的机会主义倾向，促进集群成员间的坦诚合作而产生积极的协同效应。因此，在重复交易中，声誉是必须考虑的重要参数之一。声誉通过提供个人信任度与意愿度的信息来减少行为的不确定性，从而增强集体或个人之间互动的有效性。

（3）联合制裁。联合制裁是对那些违背共同规范的成员予以集体处罚，包括私下议论、公开传言和短期驱逐等。它通过呈现违规的后果来定义可接受的行为，进而对交易起到保证作用。由于成本的原因，人们常常不去执行社会规范，而由变形规则所支持的联合制裁强迫人们必须执行，它保护了交易，提高了合作的效率，抑制了集群成员的机会主义倾向。制裁的作用在于维护并强化已有的关系，这使群体制裁机制可以代替法庭的角色，变相制裁那些容忍违规的合作者并使之声誉受损，使得声誉机制在集群组织中比市场中的作用更加有效。

（4）文化。文化是由行业、职业与专业方面的知识所构成的共同的价值观念、行为规范与期望的系统。它来自直接或间接的关系网以及制度资源和民族文化，并为所有成员所共享。文化能从三个方面加强成员之间的协调：一是通过社会化形成期望聚合；二是用特质语言综合复杂程序与信息；三是为意外情况下的适当行为制定了共同规则。由于合作伙伴之间基本行为规则的存在，使得它们不必为每一次交易再进行重复性的工作，从而简化了交易过程，降低了交易费用，提高了交易效率。

二、产业集群治理的微观机制

微观层面的集群治理机制主要是指运行机制，包括相互学习、决策协调、激励约束、利益分配等。

（1）相互学习。具有不同管理系统、技术系统、社会信息系统的成员嵌入同一个产业集群组织之中，为集群成员相互之间学习新的技术与知识搭建了一个良好的平台。企业依靠集群组织可以提高创新能力，而技术联盟能整合互补资源去更快更多地创造新的技术。集群成员之间直接接触的频率、联结的程度与接触的方式都会影响它们获取信息与技术的程度。在集群中，合作伙伴之间的直接接触是一个重要的知识来源，特别是那些隐含知识更需要重复持续地沟通与交流，直接接触不仅能把互补性的经验与不同的观念带入合作活动中，合作者也可利用这一学习捷径获得新的知识。

（2）决策协调。产业集群要建立群体决策支持系统，共同解决单一专家所无法解决的决策问题，从而提高信息的及时性与准确性，保证决策的科学性。在信息不对称和不完全契约模型中，分散的所有权需要由分散的决策权来减轻由于信息不对称所带来的代理问题，最优的经济效果可以通过将决策权配置给可对合作成功产生最大边际效果的代理人来实现。

（3）激励约束。交易伙伴从关心自身利益出发关心集群组织整体的经济活动，并分享经营成功所带来的收益。集群组织有天然的激励作用，与激励相辅相成的是约束。合作者的行为除应受到社会机制约束之外，还要受彼此间的关系制约，这主要由成员之间具体的合作方式、任务分工、角色定位来决定。集群组织是一种复杂的分工协作系统，合作伙伴相互之间的依赖性较强，这种互赖性有助于强化自我约束能力。总之，产业集群的创新绩效实现的程度，有赖于集群治理机制中的各个方面的增强与相互配合，以实现产业集群对于技术创新促进机制的正常运行。

三、长三角G60科创走廊产业集群治理的启示

长三角区域一体化发展上升为国家战略，具有极大的区域带动性和示范作用，将带动整个长江经济带和华东地区发展，形成高质量发展的区域集群。作为我国经济发展最活跃、开放程度最高、创新能力最强的区域之一，长三角科技创新资源丰富，顺应产业集群化发展的世界性趋势，在区域一体化同城化发展中着力推动创新链与产业链深度融合，紧密携手打造

世界级产业集群具有重要意义。

长三角 G60 科创走廊作为长三角区域一体化的“领头羊”，作为长三角产业集群高质量引擎，是长三角经济密度最高的地区，定位是打造长三角贯彻落实新发展理念引领示范区重要引擎，将完成长三角一体化重大任务的先行先试。2021 年 4 月，科技部等六部门公布长三角 G60 科创走廊建设方案要求，到 2025 年“基本建成具有国际影响力的科创走廊”，要“形成若干世界级制造业集群，在国内外产业分工和价值链中的地位明显提升，成为我国重要创新策源地”。目前长三角 G60 科创走廊正处于经济迈向“集群化发展”的产业治理新阶段，从创新竞争力来看，虽处于国内领先的第一集团，但放眼全球，与国际上典型创新型产业集群相比仍显薄弱，集群建设和治理任重道远。

长三角 G60 科创走廊的产业转型升级与先进制造业发展应当实现产业高新、产业高端和产业高效的跨越模式，在自主创新发展能力、全球价值链控制力以及空间集聚发展能力方面相互支持、共同发展，最终使长三角 G60 科创走廊引领我国从现行制造业升级至世界级先进制造业群。长三角区域是我国“专精特新”中小企业的重镇，长三角 G60 科创走廊更是重镇的核心地带，应加强“专精特新”中小企业培育和产业集群，构建“专精特新”中小企业梯次培育体系，为“专精特新”中小企业提供全面精准公共服务，开发适合“专精特新”中小企业的金融工具和融资平台，通过共性技术赋能“专精特新”中小企业，为“专精特新”中小企业腾挪集群建设空间。

长三角 G60 科创走廊产业集群治理需要突破“一城一地”内生性自我发展的传统路径依赖，突破现存的各种行政、规章壁垒，在重大改革举措上先行先试，创造国际一流的营商环境，实现各类要素资源充分自由流动，推动创新链与产业链的深度融合，形成若干世界级制造业集群，形成良好的软硬兼备的产业集群创新生态系统，奋力建成具有国际影响力的科创走廊和全球重要创新策源地。

第七章

长三角 G60 科创走廊创新生态体系建构与治理

创新生态具有多样性、复杂性和阶段性等特征，创新生态治理的目的是要完善有利于创新的政策环境和基础设施，吸引和集聚创新要素，激发主体活力，增进主体间互动和协作，提升创新系统的治理效能，进而形成科技创新的体系化能力（陈强，2021）。本章详细分析了对区域创新生态的系统理解及长三角 G60 科创走廊的发展实践，归纳了典型区域创新生态系统的国际经验。本章认为，创新生态系统中数量庞大的创新主体具有自身特质和角色功能的多元性、异质性、复杂性，需要构建与内生型、整体性、可持续的全过程治理相适应的生态化治理机制。基于多元创新主体视角，提出了长三角 G60 科创走廊生态化治理的策略性建议。

第一节　长三角 G60 科创走廊创新生态的系统理解与实践

一、区域创新生态的系统理解

当今变革时代，创新正日益成为引领发展的第一动力。伴随创新过程的复杂性增加，异质性要素的协同与创新网络的发展等成为创新范式演进的新方向，创新越来越趋向系统性、全面性的综合范式（陈劲、郑刚，2016）。基于对创新“3.0”范式演变的梳理和分析，创新范式经历过线性范式、创新系统之后开始进入创新生态系统时代，该系统的主要特征包括多样共生性、自组织演化和开放式协同。在创新生态系统中，创新是一种常态，一种自然生发的过程，环环相扣的创新体系可起到自然纠错、自淘汰、自更新的作用。

（一）创新生态系统基本理论

创新生态系统来源于学者们把创新系统与生态系统在概念上的类比（封凯栋等，2017），创新生态系统这一概念孕育于20世纪90年代，该研究范式表现为由关注系统中要素的构成转向关注要素之间、系统与环境之间的动态过程。创新生态的提出是基于对硅谷持续创新发展的研究，其概念来自生态学中生态系统的类比，包括与创新活动相关的各类物种、种群、群落等要素及创新生态环境（Hwang，2012；李万等，2014）。目前，创新生态系统受到发达国家的普遍重视和采纳，包括出现在OECD的种种文件和报告中，基于生态化治理的创新管理与政策在各发达国家或地区也方兴未艾。

（1）创新主体及各类支撑要素。创新主体主要指大学及研究机构、企业，创新支撑要素则包括政府政策、风险资本、专业性服务机构、各种行业协会和非正式社交网络等。大学创新系统的知识和人才来源；企业则通过应用和开发研究推动产品和服务的生产与交付，并实施技术推广；创新支撑要素则为创新生态系统内的创新活动提供政策、信息、技术、服务等多方面的资源，从而保证系统的健康运转。

（2）创新种群。创新种群是指创新主体或要素在一定的地域空间内集聚所形成的产业（或企业）的集合。随着技术的不断升级演化，创新生态系统会形成以不同核心技术为主导的产业（或企业）种群，种群内的引擎企业通常可代表该区域技术的领先水平；由于存在外溢效应、分担风险等优势，种群内中小企业通过协作能克服在创新中缺乏研发资金、技术等劣势，从而加快创新步伐。

（3）创新群落。在创新种群的形成过程中，成功的企业就像“领头羊”，能集聚并带动更多企业跟进，从而在一定地域空间内形成由不同规模具有异质性和互补性的创新型企业及关联机构密集的群落。不同创新群落在创新活动的内容、创新产出的能级等方面都存在较大的差异；一般来说，创新群落的密度、丰富度、亲和度等数量特征可以反映创新生态系统的活跃程度。

（4）创新生态环境。创新生态环境主要是指为创新生态系统中各组成部分的正常运行提供必要的物质、精神及制度保障，其涵盖的内容既包括社会制度、法律体系、社会习俗与文化、社会网络等软性因素，也包括基础设施、技术与经济存量等硬性因素，这些因素会直接或间接影响创新活动的进行。因此，创新生态环境的选择、适应及改造对创新主体、群落及整个创新生态系统发展演化都至关重要。

从政府的角度，创新生态系统应是一个区域的概念，是区域内各种创新主体及创新支撑要素、创新种群、创新群落及其与创新环境之间，通过物质流、能量流、信息流的联结传导，形成共生竞合、动态演化的具有生态系统特征的复杂创新系统，具有多样性共生、自组织演化和开放式协同的基本特征（李万等，2014）。科创走廊可视为一个区域性的创新驱动创业的产业生态体系，各种要素能在这里无缝对接、互相融合。依据“三螺旋”理论中大学、企业、政府三类创新主体在全球科技创新形成过程中的作用，并借鉴创新生态系统理论中各创新主体、要素的特征及创新环境的重要性，区域创新生态体系更加注重多元创新主体之间的互动性、创新链条内的承接性、产业链与创新链的衔接性及与外部环境之间的共生性，其主旨是在可持续发展的理念下促进创新持续涌现，实现高质量的经济增长。

（二）系统多元主体要素

（1）企业。企业在区域创新中有着双重身份：第一，企业是创新知识的持有者。企业是区域创新系统中最核心的要素。在市场经济条件下，企业比其他创新主体更加了解市场的需求，从而建立自己的研究开发机构，在市场机制的激励下去从事创新，进而拥有自己的专利，拥有自己的知识产权，或拥有自己的科研成果。第二，企业是创新知识的需求者。创新需要长期的积累，需要有强大的研发资本，且存在一定的风险。为此，企业可以通过购买其他创新主体（主要是大学、科研机构及个人）的创新知识，如专利等，迅速开发产品，以满足市场的需求并获取商业利润。

（2）大学和科研机构。大学和科研机构都是重要的知识生产基地，是创新知识的持有者。随着知识经济的快速发展，大学和科研机构在区域创新系统中所起的作用更加明显，因为企业的创新活动越来越依赖于它们生产的知识。总体来看，研究机构从形式上可以分成两种：一种是独立的研究机构，也可称为公共的研究机构，由国家提供主要资金来源，其研究领域多为基础研究和对国民经济、社会发展、国家安全以及对国家综合实力具有广泛影响的技术开发；另一种是从属的研究机构，它们或者从属于企业，或者从属于大学。其主要职能是进行知识创新、知识传播和知识转移。

（3）个体和用户。很多的创新知识持有者是个体，他们或者是个人，或者是若干人组建的团队等。这些人大多受过良好的教育，具有较强的创新意识和创新能力，利用业余时间或专职从事创新活动，从而拥有自己的专利或其他创新成果，如“点子大王”“××创意工作室”等就是典型的例子。这些个体所拥有的创新知识往往会给一个企业带来巨大的商机，从而成为区域创新系统中一个不容忽视的群体。

另外，诸多个体是作为用户存在的，但同时也是重要的创新源头。从“产学研协同创新”到“产学研用协同创新”，体现了技术创新的落脚点和市场导向（刘洪民，2017）。Hippel（1998）首次从创新源的角度开创性地提出了"用户是创新者"的观点，并界定"用户"为"对于特定的产品、工艺或服务，居于获益职能角色上的使用者"。在后续的研究中，Hippel进一步指出用户创新的应用趋势由用户自主设计能力和用户通信能力的不断进步两个技术发展趋势推动。国内外学者围绕创新功能源、用户创新的形成机理、领先用户、与产品创新的关系、创新动因和影响因素等方面展开了诸多研究和分析，也形成了较为丰富的研究成果，目前用户创新研究的理论与实践正处于逐渐完善和系统化的阶段。用户创新是开放式创新领域的热点问题，也是企业创新的重要组成部分（郑彤彤，2015）。近年来，随着开放式创新在我国理论研究和实践推广的逐步深入，用户创新是开放式创新的一种重要创新源的观点已基本取得共识（柳卸林，2010；詹湘东，2013）。

在当下变化动荡的环境中，企业用多种策略致力于了解顾客变化多样的需求，进行各种产品创新活动。网络环境让企业的创新发展演化出多种新形式，更多的信息交流让创新网络日益重要。如何解决信息传递问题，用户参与创新是现实中最好的方法（Hienerth，2014）。作为创新网络中重要创新源之一，用户创新被企业提到更高的地位。但如何更好地满足用户需求的多样性变化，克服用户信息的黏性和碎片化，有效解决消费者用户的"痛点"是企业产品开发的难题。虚拟社区的繁荣发展为用户创新带来新的机会。用户创新会产生新的商业模式，会带来产业结构的改变，夏清华等（2016）以海尔为案例的实证研究表明，将封闭的传统商业生态重构成为开放的平台商业生态是企业发挥内外部资源最大效用的途径之一。虚拟社区中用户创新的管理应用给企业内外部的资源管理和知识重构带来了一系列新的问题，也是我们研究开放式创新必须面对的现实背景。用户创新作为一个巨大创新源在很长一段时间以来没有得到理论和实践层面的足够认识，主要原因涉及用户创新数量的分散、创新的自发状态以及用户创新信息流动性差等诸多层面。

虚拟社区的繁荣发展为用户创新带来交流互动的新契机。作为一个没有企业边界、超越空间约束的共担创新风险、共享创新利益的虚拟动态联盟，联盟的成员具有互补的资源和核心能力。网络虚拟社区中有数量庞大的潜在用户，也有创新能力强和创新热情高的消费者，随着虚拟社区的不断纵深发展，企业和虚拟社区的合作和互动不断出现新的方法和手段，如用户工具箱、信息泵及虚拟方案试验等。在这些合作互动和创新营销手段中，用户创新理念也在不断提升发展，用户和企业的互动程度越来越深入，从最弱的形式通过用户调查为企业反馈信息，已经有更多地与领先用户交互和最深入的用户创新工具箱的介入。领先用户在线参与新产品开发主要受独特性产品需求、认知、利益和产品生产控制等四类动机的影响（杨波，2011）。虚拟社区中的领先用户具有强烈的潜在需求，对产品有深入理解、产品未来有很好的建议，很多时候在技术上研究深入，有了更多的活动。他们会向企业定制产品，甚至带领社区用户进行团购。他们对产品的改进甚至直接推动产品的更新。Hippe（2001）认为用户创新工具箱为企业提供了一个价值创造的新途径，特别是对领先用户创新的实现而言，基于用户创新工具箱的产品开发新方法比传统的产品开发方法更有效。未来随着创新的分布式和开放性的进一步增强，面对一个全新的环境，企业创新管理将面临新挑战，无边界的、扁平化的、社区化的企业创新组织结构将成为新趋势。

（4）地方政府。区域创新系统的建设是一个复杂的系统工程，政府作为系统中的一个重要主体，起着举足轻重的作用。政府工作适当，可以较大限度地推进区域创新系统的建设，反之却有可能背道而驰。政府应做的工作主要有：基础设施的建设，资助高校的创新研究工作，制订相关的政策、法规和制度，协调各创新主体之间的关系，并作为创新知识的需求者在政府采购工作中优先采购创新性的成果，以带头支持区域创新。

集群文献大多强调政府干预的重要角色。考虑到中国产业集群大多面临“锁定”的危险，政府干预的角色更加必要。然而，政府干预产业集群升级是一个复杂的过程。首先，对于不同的区域集群，不存在升级政策的“理想模型”或“最佳实践模型”。简言之，政府的干预模式不能“一刀切”。其次，通过政策设计来促进产业集群发展的模式也是脆弱的，政策设计往往并不是按最初意图那样运行。因而，政府在促进产业集群升级时面临究竟该如何干预的操作困境。

（5）金融机构。随着创新活动的不断深入，创新者的资金需求将会越来越多，仅仅依靠自身的积累是远远不够的。因此，创新系统需要有提供资金支持的金融系统机构，能够采取各种有效途径积极引导各方资金进入创新领域，包括吸引投资公司参股、发行债券、股票，采取社会集资和银行贷款方式等。随着电子商务的不断发展，金融机构还要积极建设并完善网上银行，保证创新知识交易过程中资金流的安全和顺畅，并提供更加便捷的服务。

（6）中介机构。中介机构是区域创新知识流动的纽带和桥梁，是促进创新知识交易的一个重要环节，是区域创新系统的重要组成部分。它可以按照市场化原则，对各创新主体提供信息服务、咨询服务、技术转移与扩散服务、技术诊断与支持服务、融资服务和人才培训服务等，以增强和提高各创新主体的创新能力，促进和加速科技成果的转化，实现创新资源的优化配置。

（三）系统服务的引入

创新生态系统是一种建立在遵循规律、适应变化、维持状态之上的柔性管理，生态式的创新管理需要遵循主体和要素演化的自然法则，尊重所有成员基于系统的共同利益，识别潜在的未知需求和前瞻性领域，提前预见风险并能及时管控，在稳定和变化的状态中维持种群进化和系统发展。服务代表了生态化的系统结构所能为创新提供的物质资源和发展条件。在生态化的创新系统中，系统服务是指创新主体从生态系统中获得的产品、服务、影响力等各种惠益，服务既包括有形的资源供给，也包括那些为创新活动提供必要条件的无形作用。按照对整个系统生态意义的不同，将系统服务分为供给、调节、文化和支持四类，如图7－1所示。

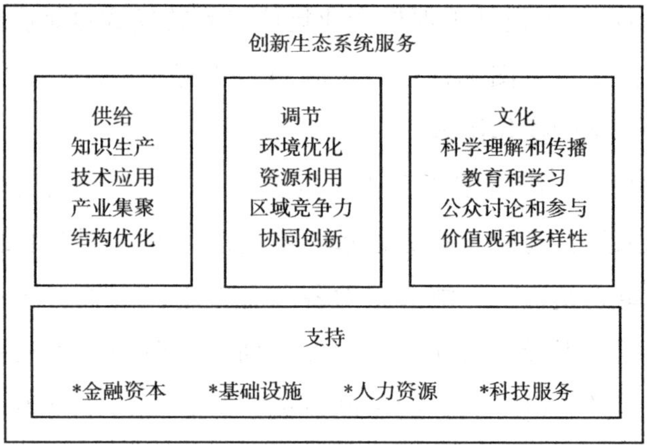

图7-1 创新生态系统服务的构成

供给服务是指系统成员直接从服务中获得的物化惠益，也是与最终的创新成果联系最密切的一部分服务，对主体的供给包括知识生产、技术应用和产业集聚，结构优化是组织内部管理上的一种创新，也是系统供给的体现。

调节服务是对系统运行模式和主体关联变化的一种协调行为，主要表现为对环境状态的控制和共生关系的调整，包括环境优化、资源利用和协同创新等行为。

文化服务更多以非物质性的形式出现，具有与其他服务伴生的特点。系统内部的理解交流、科学技术知识的传播、异质主体的相互学习都是其具体体现。此外，主题共进的理念决定了对多元文化和价值观的尊重。通过组织行为和系统协同，成员间将逐渐完成身份识别和价值观互认。

支持服务指生产系统服务要素的必要条件，是以上所有服务的基础，包括金融资本、基础设施、人力资源和科技服务等。与以上几项不同，知识服务一般不直接作用于系统成员，或是在一个相当长的时期才产生效应。

（四）创新主体的单元分析

为便于分析系统服务的生成机制，做一简单处理，把异质性的主体简化为创新主体单元的称呼，只考虑某个成员作为概念化的分析单元时其系统属性的发挥。如图7-2所示，作为分析单元的创新主体与系统和其他主体发生联结。

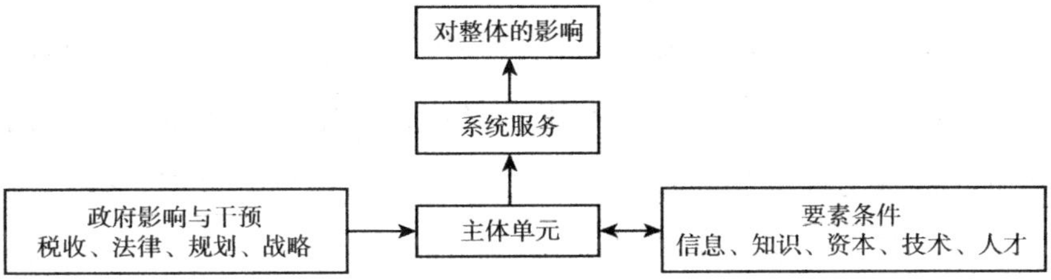

图7-2 创新生态系统的主体单元

(五) 区域创新生态系统的整体框架

如图7-3所示，依据上述系统服务的引入以及主体视角的分析，根据系统服务、系统驱动力及系统目标间的内在逻辑，参考汤书昆和李昂（2018）的观点，建立区域创新生态系统的整体框架。

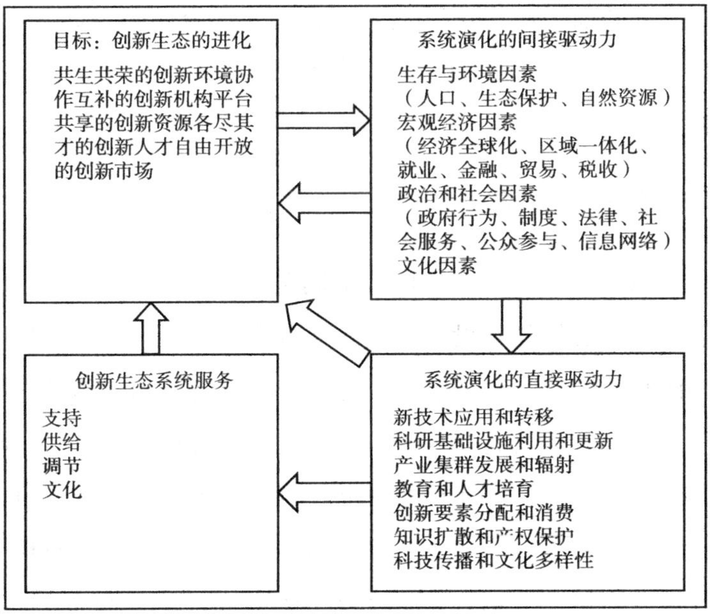

图7-3 区域创新生态系统的整体理解框架

在创新生态系统中，驱动力是系统变化的主要形式，直接或间接地影响主体行为、系统服务及系统目标的达成。无论是系统服务还是驱动力的影响，无论主体和生境的演化发生在局部还是区域，最终目标都是进化为成熟度高的创新生态系统。基于演化过程视角的系统理解，可以给出区域创新生态系统符合本研究情境的基本定义：在一定的地理空间范围内，各类创新主体群落与外部创新环境之间通过信息、知识、资本、技术和人才等要素条件的连接传递，产生共生演化、符合生态运行规律的动态网络结构。

二、区域创新生态系统的基本内涵与长三角G60科创走廊的实践

安德森（Andersen，2011）关于创新生态系统的论述为区域创新生态系统的发展提供了有益的思考框架，其认为“创新生态系统首先应是一定的空间范围内的成熟创新区域，其次是以成功的大型企业为核心的创新平台以及由此兴起的前瞻性行业产业，最后是来自全球的企业家和投资者投身上述事业。”这里结合长三角G60科创走廊的实践，解析创新生态系统的基础内涵。

（一）空间范畴界定

创新生态系统必须建构在具体的空间范畴之内，这一区域应当具有一定的有利于创新发展的基础设施，对于企业和社会生活中的创新具有普遍积极的正面认知，这是对区域创新生态系统研究界域和基础条件的决定。

长三角G60科创走廊包括G60国家高速公路和沪苏湖、商合杭高速铁路沿线的上海市松江区，江苏省苏州市，浙江省杭州市、湖州市、嘉兴市、金华市，安徽省合肥市、芜湖市、宣城市9个市（区），总面积7.62万平方公里，占长三角整体区域面积超1/3。从空间格局分布上看，九个城市形成“Y”字形空间结构，具有得天独厚的地理优势以及发达便利的交通

网络，生态空间范围明确。长三角 G60 科创走廊位于长三角经济密度最高的地区，同时也是最富活力和希望的城市群，作为长三角区域的核心地带，长三角 G60 科创走廊城市群已成为资源配置最丰富、研发投入强度最大、经济发展速度最快的区域之一，已形成了坚实的有利于创新发展的基础设施，完全具备区域创新生态系统研究界域和基础条件。

（二）创新平台支撑

以大型创新机构（企业、大学、研究机构等）业务推进为核心，在平台搭建中产生需求，引入中小创新者共建及满足需求，完善平台，是区域创新生态系统建构的主要形式和切入点。

自 2018 年 3.0 版本长三角 G60 科创走廊建设以来，科创走廊集聚了 2.1 万余家高新技术企业，国家和省级重点实验室及工程技术研究中心 1262 个，高等院校 176 所。长三角 G60 科创走廊加强创新链与产业链跨区域市场化协同合作，支持科技型中小企业做强做大，加快培育壮大以高成长性科创企业为代表的创新集群。设立长三角 G60 科创走廊科技创新奖，发挥提升区域科技创新能力的激励导向作用。共同建设重大研发平台。加强安徽合肥综合性国家科学中心建设，支持布局建设国家技术创新中心、国家产业创新中心、国家制造业创新中心等国家级科技创新基地，推进 G60 脑智科创基地、作物种质创新与保藏基地建设，加快提升原始创新能力。加强产学研联动，推动跨区域合作共建联合实验室、技术中心。鼓励国内外知名科研机构、高等院校、科学家和科研团队设立研发基地。在基础研究、关键共性技术研发与创新成果转化领域，探索建立投资多元化、运行市场化的新型研发机构，契合区域创新生态系统建构的主要形式和切入点。

（三）多元主体的参与

创新者的自由流动，伴随着资源、信息、资金等要素的涌入，致力外向发展的创新主体为了自身生存，合作形式逐步从双向关联、多重互动到组建联盟、形成网络。

长三角G60科创走廊联席办公室成立伊始，就致力于有效破除制约技术、成果、人才、资金等创新要素自由流动的体制机制障碍，引导创新要素有序流动，深化科技创新券跨区域互认互通。建立国家高新技术企业在长三角G60科创走廊范围内互认机制，支持高新技术企业自由流动。建设“G60科创云”等一批科技资源共享服务平台，通过政府引导与市场运营双轮驱动，推动重大科研基础设施、大型科研仪器、科技文献和数据等资源开放共享。建立科技计划项目信息一体化发布和科技成果共享机制，打造统一的科技项目管理平台，建立全球专家资源库。长三角G60科创走廊成立以来，已建立十五个产业联盟、一个产业园区联盟和十一个产业合作示范园区，推进产业一体化布局和各类高端要素对接，推进产业链与创新链深度融合，跨省市协同创新融合发展的社会网络基本建立。

综合来看，长三角G60科创走廊完全具备建构创新生态系统的基础，可作为一个典型的区域性创新生态体系，此区域内各种创新主体及创新支撑要素、创新种群、创新群落及其与创新环境之间，通过物质流、能量流、信息流的联结传导，形成共生竞合、动态演化的具有生态系统特征的复杂创新系统。各种要素能在这里无缝对接、互相融合。依据“三螺旋”理论中大学、企业、政府三类创新主体在创新形成过程中的作用，并借鉴创新生态系统理论中各创新主体、要素的特征及创新环境的重要性，区域创新生态体系更加注重多元创新主体之间的互动性、创新链条内的承接性、产业链与创新链的衔接性及与外部环境之间的共生性，其主旨是在可持续发展的理念下促进创新持续涌现，实现高质量的经济增长。柳卸林等（2022）认为城市创新生态系统建构及演化的内驱力来自创新主体，主体的动力、能力和活力能够显著影响创新生态系统的发展水平，后发追赶型城市可以通过嵌入优势地区的创新生态系统，利用溢出效应和外部性，实现自身创新生态系统的培育和发展。这为长三角G60科创走廊创新生态体系的发展和实践提供了良好的借鉴。

第二节 典型区域创新生态系统的国际经验借鉴

美国硅谷、英国剑桥、法国索菲亚、以色列特拉维夫等科技创新园区，是目前世界上最顶尖科技创新园区和区域创新生态系统的典型代表（胡曙虹等，2016）。特别是硅谷作为全球最有影响力的科技创新中心和全球高技术产业集群的典型受到了理论界与产业界的高度关注，其成功正是得益于该区域大学与科研机构、风险资本机构、综合服务机构、人才库、创业精神和创业板市场构成的独特的创新生态系统（陈劲、郑刚，2016）。本章认为硅谷形成了由政府部门、大学教师及学生、科研机构研究人员、企业家、风险投资家以及各类中间机构、非正式社区组织等创新要素构成的两个层次的复杂社会经济网络：一是由企业、大学、政府等创新主体及其形成的创新群落构筑的创新核心网络层；二是由创新基础设施、创新文化、专业性服务机构、风险资本、各种行业协会和非正式社交网络构成的创新环境支撑层。其基本经验主要包含以下几个方面。

一、一流大学人才和知识的源头

作为创新核心主体之一，大学在硅谷创新体系中的主要作用便是为系统中各主体输送人才和知识，从而实现知识、信息、资源等在网络中流动和传递。

斯坦福大学和加州大学伯克利分校每年要向硅谷输送几千名高级人才，主要从事创新领域的研发工作。斯坦福大学工学院的博士、硕士毕业生，基本都在学校50公里内就业；据统计，斯坦福校友创立的公司每年盈利达到2.7万亿美元，1930年后共创造540万个工作机会。加州州立大学圣荷塞分校、加州大学圣克拉拉分校等培养出大量的优秀工程师，他们精通各种专业设计，善于把新想法转化为实际产品。此外，还有加州大学圣克鲁兹分校、丘陵学院（Foothill College）、迪·安萨大学（De Anza College）和凤凰大学（University of Phoenix）等一流的专科院校培养了大批善于解决实际问题的技术人员。

除了为硅谷大量供应一流的工程师外，斯坦福大学和加州大学伯克利分校两所大学作为硅谷地区的知识生产中心，持续不断地为该地区输送最新的研究成果，许多半导体和计算机科学等领域的技术发明，如喷墨印刷术、光盘记录仪、鼠标输入器和计算机用户界面等都被硅谷的企业吸收、应用，并最终形成产品。

硅谷地区的大学与政府的联系较弱，但同当地企业之间建立起了紧密的合作纽带。以斯坦福大学为例，其致力于加强大学与企业之间的联系主要表现为：一是成立了斯坦福大学研究所（SRI），其主要功能是从事与国防相关的研究并帮助发展硅谷的公司；二是通过“荣誉合作项目”向当地的公司开放课堂，鼓励电子公司的工程师直接参与研究生课程或者通过特别的电视教育网络在公司的教室里学习斯坦福大学的课程，加强公司和大学之间的联系，使工程师们既能同新技术保持同步，又能建立专业联系；三是斯坦福工业园区成立后，园区内的公司常常请斯坦福大学的教授担任顾问，并聘用斯坦福大学的研究生为雇员，同时这些公司也会参与同公司业务相关的斯坦福大学的科学研究项目。

二、“引擎”企业的引领和创新种群的演化

硅谷创新体系中最活跃的便是由各类企业形成的开放的、相互竞争与协作的企业创新网络。企业创新网络不受任何一个大公司或几个大公司的控制，而是“引擎”企业、中小企业和初创企业通过物质流、信息流、技术流而形成竞争和合作共存的创新网络。

“引擎”企业是创新网络的核心，除具有较大的研发投入和产出、拥有核心技术并主导行业发展外，“引擎”企业对周边地区的开放性很强，通过不断研发向市场推出新产品、新技术，同时也不断培养创新人才；中小企业作为“引擎”企业的供应商，通常也拥有细分领域的核心技术，成为企业创新网络中不可缺少的部分；初创企业多数由应届毕业生或辞职创业工程师等创新型人才创办，常常能发现市场上的空白领域，并通过出卖产品、技术、企业或上市等手段获得成长。理论上讲，硅谷地区大量的小型专业化公司之间会产生相互拆台的竞争；而硅谷的辅助性社会机构、学校和大量合作实践为企业间的学习和调整提供了基本体系，使得硅谷企业间的分化并没有导致竞争脆弱和经济衰退，反而有助于增强企业创新网络的弹性和适应性，提高了该地区的技术水平并实现可持续的创新发展。

20世纪50年代至今，硅谷地区经历了数次大的技术变革，每一次技术变革都会导致该地区新的企业和创新集群的形成，同时也会孕育新的“引擎”企业，成为新的产业和创新种群发展的引领者，创新种群的升级演化也在不断重塑着硅谷的创新体系。

三、有为政府的规制保障

政府的职能主要在于营造公平、自由的竞争环境，提供有利于长期投资的税收结构，并运用政府采购的手段给予支持。硅谷虽然不是政府计划的产物，但政府的政策支持，特别是政府采购和企业低息贷款对促进硅谷发展起到了至关重要的作用。

首先，联邦政府投入了大量资金扶持大学在国防、航天、通信、信息以及材料领域进行大规模的基础研究，由此源源不断地产生世界一流的技术和发明，培养世界一流的科技人才，催生出从国家实验室走向硅谷进而扩展至全球的商业成功模式。“冷战”时期，联邦政府向斯坦福大学和加州大学伯克利分校进行大笔拨款，全力发展高科技，政府对大学的大量科研投入使得大学能专注于基础研究，从而为科技创新提供持续发展的动力源泉。

同时，不同层级的政府通过出台不同政策以鼓励硅谷的创新活动，并为创新的持续发展提供保障。例如，美国联邦政府在促进技术创新方面的政策主要有：建立知识产权保护和专利制度；建立风险投资基金；直接提供研发经费；增加对教育的投入，以培养更多高素质的科技人才；通过税收制度鼓励向研发活动进行投资；对某些行业进行保护，以避免受到国外公司不公平竞争的损害，直至它们能够在技术上自立；放松反托拉斯政策，使厂商充分利用其创新成果等。而州政府和地方政府致力于硅谷基础设施建设，兴办各类职业与技术类教育，为企业培养各梯级的人才。

总之，联邦及州政府通过各种直接或间接的方式为硅谷地区的创新发展提供包括资金、法律法规、政策等方面的支持，为硅谷地区营造和培育了良好的创新环境。

四、创新支撑要素的支持

第一，风险资本。硅谷有着世界上最密集的风险投资基金，紧邻创新企业，形成了外界不易观察到的“生态循环”。20 世纪 70 年代末、80 年代初，风险投资逐步取代国防军费，成为硅谷创业者的主要资金来源；据调查，2014 年硅谷总共收到了 145 亿美元的风险投资，占全美风险投资总额的比例高达 43%。同时，风险投资者也成为当地社会及职业系统的中心人物，风险资本产业也成为硅谷崛起的经济引擎。

第二，专业性服务机构。硅谷的工程师与企业家建立了一种灵活的行业系统，该系统不是围绕单个企业，而是围绕这一地区及其专业技术网络而建立的。硅谷通过积极发展人力资源服务机构、技术转移服务机构、金融资本服务机构、管理信息咨询服务机构、财务服务机构和法律服务机构等多种类型科技中介，形成了完善的科技中介服务体系，加强了科技创新专业技术网络的构建，促进了硅谷创新要素的整合，提高了硅谷创新产出的效率。

第三，各种行业协会和非正式社交网络。商业协会、行业会议、商品展示会及各种俱乐部等一系列正式、非正式的聚会是硅谷地区人们交换信息的场所，从中可以获知有关竞争对手、顾客、市场和技术最新进展。硅谷地区的社会关系网和专业人员网并不局限于传播技术和市场信息，同时也是有效的求职招聘网络。为鼓励公司间的信息交流，西部电子制造商协会（WEMA，美国电信协会的前身）经常举办各种研讨会和教育性活动，如经营管理培训，主要课题包括从公司融资、营销技巧到生产管理和出口辅助等，这些培训对于在技术方面极具实力而在管理方面毫无背景的许多中小公司管理者而言极具价值。

五、完善的基础设施和包容的创新文化

硅谷的成功并非仅仅源于各创新主体及要素简单地糅合在一起，而是为其营造合适的创新环境，培养自主创新的氛围并使其繁荣。美国经济学家 Furman Porter 和 Stern 于 2002 年首次明确提出创新基础设施这一概念，认为其主要包括公用的创新基础设施及特定集群的创新环境，并且是区域创新系统建构的重要组成部分。

硅谷地区完善的创新基础设施主要包括科技基础设施和城市公共基础设施。大型科学工程、实验基地、大型科学仪器设备、自然科技资源等科技基础设施为开展创新活动提供了基础保障；公共基础设施，如能源供应系统、供水排水系统、交通运输系统、邮电通信系统等则为创新主体提供了基础生活条件。

同时，创新活动需要与之相适应的创新文化要素作支撑，真正具有创新力的城市（或区域）一定具有深厚的文化土壤。创新文化的特质是崇尚冒险、宽容失败、激励草根、包容异端。硅谷的企业家勇于创新和冒险、

崇尚开拓进取以及敢于承受失败的精神支撑着硅谷地区企业的推陈出新。在硅谷，人们通常认为初创公司不是技术公司，而是一部学习机器。硅谷的开放性则体现在该地区移民比例非常高，并且移民来源地多种多样。据统计，初创企业中约 1/4 的创始人至少有一个是在中国或印度出生，约 1/3 的科学家与工程师并非在美国本土出生，这表明硅谷当地文化融合了世界各地文化。在硅谷这个创意的大熔炉里，有着不同母语、不同文化背景的工程师、科学家和企业家成为联结硅谷与其母国科技中心的纽带，使得硅谷的企业能接触到其他地区的技能、技术和市场，这是硅谷始终保持创新活力的重要源泉。

与此同时，硅谷也正经历着深度变革。2018 年 9 月出刊的《经济学人》（*The Economist*），发表了“A victim of its own success：Silicon Valley is changing，and its lead over other tech hubs narrowing”一文，深度分析了硅谷这一全球科技创新中心正在发生的变化。文章认为硅谷领先优势正在失去，巨大的成功背后，正逐步浮现出一系列深层次问题：第一，旧金山湾区成为美国生活成本最高的地区；第二，节节高升的薪酬和商务成本限制企业发展；第三，“自给自足”的文化正在切断人才流动；第四，大量替代型的创新城市正在崛起；第五，形成了初创中小企业难以发展壮大的生态；第六，分布式创新模式不再需要集中一处办公；第七，受到限制移民等一系列问题的困扰。硅谷的创新成功之道值得持续学习，但发展中的问题也给长三角 G60 科创走廊建设更多的启示。基于硅谷等创新体系的建构过程和目前的部分深层次问题，从目前区域创新生态系统的发展趋势来看，良好的创新生态要求相应地促进创新生态形成的战略谋划和创新政策支撑体系，强调以创新生态作为政策工具，值得长三角 G60 科创走廊的借鉴。例如，我们可以抓住硅谷人才流出的契机，在制订更符合国际规则的人才政策、提供更高水平的公共服务和宜居宜业的环境方面持续发力，打造人才发展的事业平台，提供灵活多样的合作机制，持续跟踪全球高水平人才、团队动态，加快引进海外高端人才；以系统解决方案应对商务成本的不断攀升，为创新创业者、中小企业提供更丰富更优质的创新资源，冲抵目前难以避免的高成本；培育更具多样性、包容性的创新环境以促进中小企业的不断涌现和壮大等。

第三节　长三角 G60 科创走廊生态化治理的对策建议

一、生态化治理的基本内容

（一）治理的基本内涵

治理理论最早发源于公司治理（corporate governance），学术界探索公司这种组织的治理方式大概已经有百余年的历史了。20 世纪 90 年代以后，不仅是公司的治理问题，政府、NGO 及一些国际组织的治理问题引起经济学家、政治学家的广泛关注，甚至一些国际机构也专门撰文论述治理的问题。全球治理委员会（Commission on Global Governance）认为，“公共治理”是各种公共的或私人的机构管理其共同事务的诸多方法的总和，是使相互冲突的或不同利益得以调和，并采取联合行动的持续过程（陈喜乐，2016）。就严格意义而言，治理与统治的概念不同，统治强调的是政府对公共事务的管理，管理的主体必须是政府；而治理的主体可以是政府也可以是私人机构、社会组织。就管理方式而言，统治往往采取自上而下的方式对公共事务进行单一向度的管理；而治理则是一个上下互动的过程，强调政府与私人机构、社会组织进行合作、协商，多层互动，实现对公共事务的管理。

（二）生态化治理的内涵特征

创新生态系统研究范式表现为由关注系统中要素的构成转向关注要素之间、系统与环境之间的动态过程，创新生态系统受到发达国家的普遍重视和采纳，包括出现在经合组织（OECD）的种种文件和报告中，与此同时，基于生态化治理的创新管理与创新政策在各发达国家或地区也方兴未艾。生态化治理研究目前探讨得还较少，较早关注的为科技治理以及科学、技术与创新的治理问题（陈喜乐，2016）。创新生态体系是一个多元、开放、融合、共生的有机统一体。它需要创新思维的前瞻性、创新主体的协同性、创新要素的集聚性、创新群落的依存性、创新环境的包容性等（徐宪平，2021）。

生态化治理是创新生态系统的应然要求。生态化治理是对具有类似自然生态系统特征的事物，根据生态系统的构造原理与运行规律，以生态学中的整体系统观、平衡和谐观和可持续发展观为指引，运用类似生态系统实现健康可持续发展的方式与手段，对事物在发展与运行中所出现的问题进行审视、分析和治理（肖红军、李平，2019）。政府生态化治理是共生哲学理念引导下的多元主体间合作共治模式（王雪梅，2020）。生态化治理是在治理概念上的发展，强调的是在一个创新生态系统中，各个参与者为了维持自身的利益和生态系统的可持续发展，共同参与到治理过程中来。一般来说，生态化治理至少应包含主体多元、责任分散、机制合作三大部分。

（1）治理主体的多元化。治理主体的多元化是指几乎生态圈中所有的主体都分享了治理权力，参与到治理过程中来。例如，对于电商平台，从现有的治理情况看，消费者、网商、电子商务平台、第三方治理机构、商盟、相关的政府部门、科研机构以及媒体都成为治理主体。

（2）治理责任的分散化。治理责任的分散化是指治理主体的多元化造成了治理权力的分散化，相应的治理责任也分散化了，承担治理的责任也相应地分散于平台、消费者、网商、第三方治理机构、政府等。

（3）治理机制的合作化。治理主体的多元化和治理责任的分散化，决定了治理不是某个主体能独立完成的任务，必须依赖于各治理主体形成一个密切合作的机制，也称为治理机制的合作化。此种合作机制的形成一方面有赖于各主体共享共通的价值观念，另一方面又取决于各主体通过合作关系实现各自的利益追求。

二、长三角 G60 科创走廊存在的主要问题

生态化治理是创新生态系统建设的必然要求，强调系统内不同生态位之间、系统个体成员之间、成员与环境之间的多层次互动，通过功能耦合、复杂嵌套、共同演化而形成系统整体，其有效实现需要构建与内生型、整体性、可持续的全过程治理相适应的机制。

长三角 G60 科创走廊建设以来，九地市相继发布长三角 G60 科创走廊松江宣言及扩大开放促进开放型经济一体化发展的 30 条措施，力推长三角 G60 科创走廊更高质量一体化发展。经过几年实践，九地市在创新政策协同、创新要素集聚、创新人才流动、创新产业共进上取得初步成效，创新环境与创新生态不断优化。但应该看到，与世界上顶尖的创新城市群和区域创新生态系统的典型代表相比较，长三角 G60 科创走廊无论在系统建设上还是生态化治理手段上差距还比较大。

1. “高效 + 协同”的一体化政策的机制有待加强

长三角 G60 科创走廊政府作用的工作机制主要以联席会议制度和专题会商机制为主，具体事务由 G60 科创走廊联席会议办公室承办。具体的运行过程中，由于科创走廊九城市经济发展并不平衡，环境的社会禀赋、资源承载也并不均衡，距离“协作联动、错位发展、产城融合、功能集聚”的理念还有较大差距。各区域突出自身发展优势，打破各自资源“瓶颈”和约束，实现区域内资源整合的能力需要提升，市场决定作用和政府宏观调控的职能界限还需要进一步厘清，既能充分发挥市场在科创走廊建设中的力量，又能为科创走廊良性运作提供政府保障和高效协同的良性机制亟待加强。

2. “高效 + 服务”的国际一流营商环境有待提升

营商环境构建关键在法治化、透明及可预期，九城区相应的法治化程度和制度环境存在较大差异，涉及营商环境的机构设置、业务流程和工作

机制并不一致，“一窗办理”“并联审批”和“全网通办”面临很多实际问题，“数据壁垒”问题、“信息孤岛”现象时有发生，九城市跨部门、跨地域、跨层级共享共通的政务平台信息系统尚需互联，距离规划政策对接、要素市场一体、业务系统互联、数据资源共享、金融服务提升的顶层目标设计还有较长的路程。

三、基于多元创新主体的策略性建议

创新活动的参与方（各类创新型企业、科研和高等教育机构、新业态下的民间组织和个体创业者等），创新政策的制定方统称为创新生态系统中的创新主体，他们之间由于地缘接近或虚拟的产业价值、价值连接，彼此建立双向或多向的因果联系，并以这种因果关系网为通道，与更多的主体建立联系，以主体为节点，初步出现以多重因果关系为脉络的创新生态系统。

王庆金等（2021）立足于我国区域一体化建设现状，结合区域一体化创新生态系统特征，指出区域一体化创新生态系统的核心是区域一体化创新系统主体的深度参与，为了保障区域一体化生态系统的顺利构建需要建立协同治理机制、生态链治理机制和国家治理机制。协同治理机制主要关注区域一体化创新生态系统初步融合阶段、深度融合阶段以及持续融合阶段各参与主体在创新生态系统中的系统位置和系统角色，设计其协同循环和反馈机制以提升创新生态系统运行效率。生态链治理机制主要关注一体化生态系统中各主体之间的相互耦合的治理。国家治理机制主要是引导核心城市和周边区域进行正式和非正式的、具有正反馈特性的区域一体化创新生态系统的建立和完善（王庆金等，2021）。基于创新主体能力共演共进构建动态性治理机制，按照创新生态系统主体视角，选择最能展现演化状态的大型企业和互联网巨头、中小创新创业者、生产性服务业、大学和研究机构以及政府部门，对创新生态中的各类主体提出策略性建议。

（一）政府部门

避免传统治理范式的治理错位与失效，逐步建立起决策多元和利益分配分享机制，培育创新主体的自组织性，激发多重主体的创造潜能。

1. 决策多元的生态化治理总体定位和主体策略

创新生态系统中数量庞大的创新主体具有自身特质和角色功能的多元性、异质性、复杂性，相互交织、相互嵌套、相互耦合，形成动态非线性的共生共演关系网络。生态化治理区别于政府对传统公共事务的管理或传统治理范式的显著特征是治理主体的多元化，治理的主体可以是政府也可以是私人机构、社会组织，更强调政府部门与私人机构、社会组织进行合作协商，多层上下互动。政府部门应基于“自生长性”和“共生演化”这一创新生态系统的核心特征，创造制度环境，逐步建立起决策多元和利益分配分享机制，培育创新主体的自组织性，激发多重主体的创造潜能。长三角G60科创走廊应采取战略设定和嵌入参与的主体策略，一方面要对创新生态进行全局性的战略设定和方向掌控。另一方面，也要通过嵌入市场方式创造演化条件，以利于创新生态系统内大型企业和互联网巨头、中小创新创业者、生产性服务业、大学和研究机构等多元主体共演共进。陈子韬等（2021）通过长三角G60科创走廊前期发展的案例，发现成功的地方政府间协同机制设计需要综合考虑合作风险和预期净收益，并根据协同成员范围和宏观政策环境进行调整，其中关键要点在于通过将整体高风险拆解为局部低风险，以及通过划分合作事务优先级的方式突出预期净收益。

2. 服务创新生态构建的组织形式变革和权力让渡

从组织形式来看，改进长三角G60科创走廊政府部门对创新创业活动的管理方式和组织机制，将创新生态构建而非具体事务管理摆上首要位置的观念亟须树立。在创新生态中，政府是规则制定者和关系协调者，很多制度性的平台和桥梁需要政府来发挥作用，要以生态系统的共同利益为出发点，从宏观上对创新生态进行全局性的战略监控。决策部门需要研究探索基于生态治理的全生命周期管理，增强对标意识，充分利用大数据和信息技术，统筹结合推演比较和情景模拟，科学高效地开展创新政策的制定、执行、评估、监控和退出等环节；同时，创造条件为创新活动提供充分的外部性要素支持，并向社会和市场适时让渡权力，培育生态中各主体的自组织机能，激励它们为系统生产服务的尝试，进而通过服务共享实现对多元化需求的回应。为发挥市场力量，长三角 G60 科创走廊可以探索建立在一定层面上协同“政产学研用”各类关键创新资源的理事会机构或社团组织，政府应在着力促进市场一体化发展方面加大工作力度，在资源配置方面把握好“让步和伸手”的边界。

3. 服务需求导向的参与方式和协同治理

从参与方式来看，长三角 G60 科创走廊政府部门应减少对具体创新创业活动的安排和干预，通过市场嵌入、平台催化和服务集成等方式发挥积极作用。在创新生态框架下，企业、研究机构、高等院校、社会组织等参与主体通过占据有利的创新生态位，积极融入平台战略，以自身优势和系统服务置换创造价值，以互补性合作和良性竞争提升发展空间，最终实现共生共荣。作为创新生态系统的设计者和主导者，政府部门有责任以所有参与主体的共同利益为考量，以需求为导向强化服务和公共效能，适时适地进行针对创新的生态治理试验。要重点突破目前长三角 G60 科创走廊沪苏浙皖各行政区划地域边界相对刚性、地方政府制度及行政性保护壁垒等障碍，促进长三角 G60 科创走廊形成有效的协同治理机制。应注重促进创新生态系统动态演化、可持续创新、开放性等各方面的协同发展，避免出现对某一方面的过度偏重，导致创新生态系统的畸形发展。

4. 服务系统演化的驱动力作用方式和开放创新

从影响因素来看，政府要善于通过作用于生态系统演化的各种驱动力，为驱动力产生正向效应创造条件。驱动力不仅限于新技术应用和转移、科研基础设施状况、产业辐射、教育和培训、要素分配制度、知识产权保护、科技传播和文化等与创新活动联系最为密切的直接驱动力，还包括生存环境、经济贸易、政治社会、文化等较为宏观的间接驱动力。创新生态系统具备“开放”的基本特性，开放和协同创新已经成为一种必然和必要的选择。应营造开放共生的创新生态环境，加快由封闭式创新向开放共生式创新转变，逐步引导创新文化的形成。政府借助改变环境和要素的互动方式，可以开源式地思考价值创造路径，创造更多的创新生态位，增加系统组成部分的可替代性，进一步扩展和完善创新生态系统。

5. 服务生态环境改善的创新要素集聚和物种配套

长三角 G60 科创走廊需要主动融入全球创新版图，加强内外兼修的全球治理。要把握新时代全球价值链重构的时机和竞争的主动权，有效利用全球人才、资源和市场，加强全球创新要素的集聚吸引。积极参与全球规则制定，为企业发展营造更好的国际环境。同时要改善内部的营商环境，鼓励更多的跨国公司到科创走廊来，加强生态系统内各类物种的多样性、丰富性与匹配度。在完善创新生态系统种群结构的同时，创新政策应多关注系统内创新种群的互动协同，增加多主体的协同性，营造更好的创新生态环境，明显提升在国内外产业分工和价值链中的地位，成为具有国际影响力的重要创新策源地。

（二）其他创新主体

1. 大型企业和互联网巨头，应采取生态塑造与开放布局的主体策略

大型企业是市场经济中实力较强的领跑者，互联网巨头是在互联网经济的机遇期进入并逐渐成长为市场和用户份额较大，拥有规则制定和话语权的行业引领企业。发展惯性让他们在一段周期内可以保持领先态势，然而，创新对于上述两类企业却又是十分必要的，决定其生死存亡。简单来讲，大型企业僵化的官僚层级和发展路径依赖，面对大量初创公司颠覆性创新的蚕食，会不断遇到发展拐点，导致消亡的周期越来越短。处于行业领跑位置的互联网巨头随时也面临被颠覆的危险。这两类企业在创新生态情景下应采取生态塑造与开放布局的主体策略，在不断演化的创新环境下重塑竞争与合作，寻求更大价值空间的协同化尝试。

2. 中小创新创业者，应采取动态协作与价值置换的主体策略

中小企业和创业者的创新创造正在进入活跃期，但仍有一些突出的问题和障碍。一是创新资源匮乏，尤其是资金和人才方面；二是难以独立完成复杂的创建任务，创业者群体能够认识到外部链接和协同的必要性，但合作关系缺少机制保障，可以思考从优势方向寻求规避和突破。中小创新创业者业态虽小，但创始人和核心团队拥有绝对控制决策权，可以通过实践创新生态中常见的价值置换概念，将自己的优势以一定的形式出让，换取需求，借力成事，如通过股权激励设计与有条件的研究机构、高校达成科研委托合作或者帮助后者的实验室成功转化应用，各取所需。

3. 生产性服务业，应采取业务整合与平台优化的主体策略

生产型服务业是第二、第三产业融合发展的关键环节，其提供的服务紧密关联客户对象的全产业环节，尤其是针对致力于创新的企业和创业者，信息知识密集、高度专门化的生产服务业能够有效提升企业的经营效率、降低管理成本，同时这些新兴产业的快速成长，也倒逼生产性服务业不断优化服务品质，催生了难得的发展机遇。

在以往的研究中，生产服务业常常被定位为制造业和其他产业的附属部分，在创新生态系统中，生产服务业摆脱了这种从属地位的束缚，成为独立的创新主体，与产业部门在平等的关系下进行协同互动。生产服务业需要强化主体意识，依附需求抢占新的生态位，创造新的服务形态，拓宽服务种类，实现业务整合。在面对中小创新企业和创新者时，进一步发挥好平台职能，维护好平台准入普适化与服务定制化的统一。优化服务品质，向打造类平台、高端化、一站式的社会化服务组织发展。

4. 大学和研究机构，应采取人才培育与知识协同的主体策略

大学被认为是驱动生态系统变化的最自然的组织，该观点是由于斯坦福大学和麻省理工学院分别在硅谷和大波士顿地区的关键角色（Kenney & von Burg，1999），以及对美国和欧洲涌现的生物技术集群的分析（Casper，

2008)。某些大学在一些最强大的创新生态系统发展过程中发挥着标志性作用。例如，MIT 和哈佛大学在大波士顿地区生态系统的形成中发挥了关键的、互补的作用，斯坦福大学在硅谷的崛起中发挥了核心作用。即便在主要行动者最初不是大学的地区，如以色列、伦敦、纽约或新加坡，大学仍是关键的利益相关方。

大学和研究机构传统的职能是科学研究、人才培养和社会服务，在创新生态视域下，高校与社会的这种关系演进更为凸显，高校的优势在于知识积累和人才储备，依靠它们实现对经济社会的辐射作用，也能反过来在战略层面上提升高校的创新能力和竞争力，整体上是协同演进的关系。大学和研究机构在此方面还有较大差距，方宇等（2022）认为地方高校作为服务地方产业经济、培养高素质工程应用型人才的主力军，在科技创新、技术应用、人才培养与长三角 G60 科创走廊产业需求的差距主要体现在校地合作局限性大且缺乏连续性、人才培养与区域产业需求匹配度弱、地方高校成果无法深度融入区域产业链、智力资源的流动性不佳等方面。大学和研究机构需要积极融入区域创新生态，并创造协同价值，其首要前提是对本身的知识和人才基础状况进行准确识别。同时，搜索所在生态位带来的网络优势。通过组织和学习提升，发掘竞争优势，强化服务社会能力；做好所处生态位的界面管理，完善与系统伙伴间的协同布局。

总体而言，营造良好的创新生态环境，完善区域创新体系，促进创新治理体系和治理能力现代化，提升创新治理效能，是中国面向新时代重塑竞争新优势实现高质量发展的重要战略举措。国家赋予长三角 G60 科创走廊“打造科技和制度创新双轮驱动、产业和城市一体化发展的先行先试走廊”的重要使命，区域创新生态体系建设是实现重大任务的有效途径，创新生态系统的治理是高质量发展的题中之义。创新生态系统中数量庞大的创新主体具有自身特质和角色功能的多元性、异质性、复杂性，相互交织、相互嵌套、相互耦合，形成动态非线性的共生共演关系网络，区域创新生态系统内不同的主体应采取不同的主体策略，共同推动区域一体化创新生态系统的同步演进。

参 考 文 献

[1] 曹东，曹巍，吴俊龙．互联网时代金融创新与监管的博弈研究［J］．东南大学学报（哲学社会科学版），2014，16（4）：59－65.

[2] 曹广喜．FDI对中国区域创新能力溢出效应的实证研究——基于动态面板数据模型［J］．经济地理，2009（6）：894－899.

[3] 曹如中，史健勇，郭华，邱羚．区域创意产业创新生态系统演进研究：动因、模型与功能划分［J］．经济地理，2015（2）：107－113.

[4] 曹贤忠，曾刚．长三角一体化背景下创新飞地合作特征与发展路径［J］．上海城市管理，2022，31（5）：19－26.

[5] 陈畴镛．构建良好的创业创新生态系统［J］．杭州（周刊），2014（12）：22－23.

[6] 陈广汉，蓝宝江．研发支出、竞争程度与我国区域创新能力研究——基于1998—2004年国内专利申请数量与R&D数据的实证分析［J］．经济学家，2007（3）：101－106.

[7] 陈华．创新范式变革与创新生态系统建构——创新驱动战略研究的新视角［J］．内蒙古社会科学（汉文版），2015（5）：125－129.

[8] 陈建军．国家战略视角下的长三角更高质量一体化发展［J］．金融经济，2019（7）：14－16.

[9] 陈劲，阳银娟．协同创新的理论基础与内涵［J］，科学学研究，2012（2）：161－164.

[10] 陈劲，郑刚．创新管理：赢得持续竞争优势［M］．北京：北京大学出版社，2016.

[11] 陈劲．智慧聚展：企业基于商业和创新生态体系的战略［M］．杭州：浙江大学出版社，2015.

[12] 陈琦．硅谷模式对上海创建全球科创中心的政策启示——基于区域创新网络理论［J］．商业经济研究，2017（1）：209－211.

[13] 陈强．科学治理须准确把握创新生态特性［J］．中国科技论坛，2021（4）：2.

[14] 陈翁翔，林喜庆．科技园区创新模式比较与启示——基于硅谷、新竹和筑波创新模式的分析［J］．中国行政管理，2009（10）：113－115.

[15] 陈武，何庆丰，王学军．基于智力资本的区域创新能力形成机理——来自我国地级市样本数据的经验证据［J］．软科学，2011（4）：1－7.

[16] 陈喜乐，朱本用．近十年国外科技治理研究述评［J］．科技进步与对策，2016，33（10）：148－153.

[17] 陈向东，刘志春．基于创新生态系统观点的我国科技园区发展观测［J］．中国软科学，2014（11）：151－161.

[18] 陈鑫，沈高洁，杜凤姣．基于科技创新视角的美国硅谷地区空间布局与规划管控研究［J］．上海城市规划，2015（2）：21－27.

[19] 陈子韬，王亚星，吴建南．地方政府间协同机制设计何以成功：G60 科创走廊的实践经验［J］．城市发展研究，2021，28（9）：79－86.

[20] 创新之匙：杭州城西科创大走廊［J］．浙江人大，2018（10）：73.

[21] 丛海彬，邹德玲，蒋天颖．浙江省区域创新平台空间分布特征及其影响因素［J］．经济地理，2015，35（1）：112－118.

[22] 董艳，张大亮，徐伟青．用户创新的条件和范式研究［J］．浙江大学学报（人文社会科学版），2009，39（4）：43－54.

[23] 董雨，魏国健．EIT－KIC 平台对我国构建区域性协同创新平台的启示［J］．中国高校科技，2018（10）：28－30.

[24] 杜义飞等．产业创新的价值结构研究——我国发电设备制造业产业创新分析［J］．科学学研究，2007，25（5）：1014－1017.

[25] 樊霞，贾建林，孟洋仪．创新生态系统研究领域发展与演化分析［J］.

管理学报，2018，15（1）：151－158.

［26］方宇，唐永升，张继民．地方高校融入长三角G60科创走廊创新发展的路径研究［J］．中国科技产业，2022（11）：68－71.

［27］方舟，倪玉娟，庄金良．货币政策冲击对股票市场流动性的影响——基于Markov区制转换VAR模型的实证研究［J］．金融研究，2011（7）：43－55.

［28］封凯栋，付震宇，李君然．创新研究的系统性方法：源起与发展［J］．中国科技论坛，2017（2）：11－16.

［29］封思贤．经济增长方式转变中的金融支持——来自长三角的实证分析［J］．中国软科学，2011（5）：74－81.

［30］葛诺，白旭，陈政霖，等．创建科学城过程中如何防止“筑波病”？——日本筑波科学城发展的历史经验、教训及启示［J］．中国软科学，2022（9）：74－84.

［31］龚丽敏，江诗松，魏江．产业集群创新平台的治理模式与战略定位：基于浙江两个产业集群的比较案例研究［J］．南开管理评论，2012，15（2）：59－69.

［32］构建高能级平台，打造区域创新高地［J］．今日科技，2017（6）：5－7.

［33］国家科技基础条件平台建设战略研究组编．国家科技基础条件平台建设战略研究报告［M］．北京：科学技术文献出版社，2006.

［34］韩宝龙，李琳．区域产业创新驱动力的实证研究——基于隐性知识和地理邻近视角［J］．科学学研究，2011，29（2）：314－320.

［35］郝立勤，赖于民．公共科技基础条件平台建设与政策探讨［J］．科学学研究，2006，24（S1）：103－107.

［36］何向武，周文泳，尤建新．产业创新生态系统的内涵、结构与功能［J］．科技与经济，2015（4）：31－35.

［37］侯健敏，党兴华．研发合作及技术转移影响区域创新能力路径研究［J］．科学学与科学技术管理，2010（9）：56－61.

［38］侯鹏，刘思明．内生创新努力、知识溢出与区域创新能力——中国

省级面板数据的实证分析［J］. 当代经济科学，2013（6）：14－24，122.

［39］侯润秀，官建成. 外商直接投资对我国区域创新能力的影响［J］. 中国软科学，2006（5）：104－111.

［40］胡冬云，陶丹. 面向行业产业的协同创新中心运行机制研究［J］. 中国高校科技，2012（11）：22－24.

［41］胡汉辉，邢华. 产业融合理论及对我国发展信息产业的启示［J］. 中国工业经济，2002（2）：23－29.

［42］胡曙虹，黄丽，杜德斌. 全球科技创新中心建构的实践——基于“三螺旋”和创新生态系统视角的分析：以硅谷为例［J］. 上海经济，2016（3）：21－28.

［43］胡志伟. 创新元高度、网络交互度对区域创新能力的影响研究［D］. 南昌. 南昌大学博士学位论文，2016.

［44］黄鲁成. 关于区域创新系统研究内容的探讨［J］. 科研管理，2000，21（2）：43－48.

［45］黄阳华，吕铁. 市场需求与新兴产业演进——用户创新的微观经济分析与展望［J］. 中国人民大学学报，2013（3）：54－62.

［46］蒋樟生，郝云宏. 知识转移视角技术创新联盟稳定性的博弈分析［J］，科研管理，2012（7）：88－97.

［47］鞠晓生，虞义华. 融资约束、营运资本管理与企业创新可持续性［J］. 经济研究，2013（1）：4－16.

［48］赖红波，钟坤. 江南文化引领长三角高质量一体化发展研究［J］. 南京政治学院学报，2020，36（1）：38－43.

［49］李凤莲，马锦生. 企业技术创新与营销的界面管理［J］. 哈尔滨商业大学学报（自然科学版），2002（5）：593－596.

［50］李立，矫学荣，王志虎. 青岛楼山精细化工科技创新公共服务平台运行模式研究［J］. 中国科技论坛，2007（9）：91－95.

［51］李连发，辛晓岱. 外部融资依赖、金融发展与经济增长：来自非上市企业的证据［J］. 金融研究，2009（2）：73－86.

[52] 李廉水，吴先华．江苏、香港和韩国制造业及其劳动生产率的比较研究 [J]．江苏社会科学，2010 (5)：244－251.

[53] 李万，常静，王敏杰，等．创新3.0与创新生态系统 [J]．科学学研究，2014，32 (12)：1761－1770.

[54] 李万，王敏杰．构建企业创新生态系统助推城市经济转型升级——以小米科技的“创新生态帝国”为例 [J]．华东科技，2014 (8)：64－66.

[55] 李万．创新生态系统治理的关键环节与系统效能 [J]．科技导报，2020，38 (5)：20－25.

[56] 李习保．中国区域创新能力变迁的实证分析：基于创新系统的观点 [J]．管理世界，2007 (12)：18－30，171.

[57] 李新春，李胜文，张书军．高技术与非高技术产业创新的单要素效率 [J]．中国工业经济，2010 (5)：68－77.

[58] 李燕青．高能级平台是实现高质量发展的重要基石 [J]．杭州 (周刊)，2018 (31)：45.

[59] 李振国．区域创新系统演化路径研究：硅谷、新竹、中关村之比较 [J]．科学学与科学技术管理，2010 (6)：126－130.

[60] 厉飞芹．“创新极化效应”条件、问题与实现路径——以杭州城西科创大走廊为例 [J]．杭州学刊，2018 (2)：56－67.

[61] 林琳，刘洪民．长三角一体化背景下江苏省产业规划实施情况分析——基于沪苏浙皖政策规划的比较视角 [J]．科技和产业，2022，22 (3)：72－77.

[62] 刘钒，向叙昭，吴晓烨．面向高质量发展的创新生态系统治理研究 [J]．社会科学动态，2020 (8)：41－46.

[63] 刘宏程，仝允桓．产业创新网络与企业创新路径共同演化研究：中外PC厂商的比较 [J]．科学学与科学技术管理，2010 (2)：72－76.

[64] 刘洪民，方予诺．研发投入驱动G60科创走廊城市群经济一体化发展实证研究 [J]．科技和产业，2022，22 (2)：29－34.

[65] 刘洪民，高佳伟，陈思静．新兴信息技术背景下的制造业企业平台

变革与创新生态系统研究——基于组织边界重构与价值协同的视角［J］. 科技促进发展，2021，17（2）：276－283.

［66］刘洪民，韩熠超. 杭州城西科创大走廊创新生态系统建设的框架构建与政策建议［J］. 科技和产业，2017，17（12）：25－29.

［67］刘洪民，姜黎辉，王中魁. 战略性新兴产业技术研发的知识管理流程评价［J］. 技术经济与管理研究，2016（2）：99－103.

［68］刘洪民，蒋芸菁，吕海萍. 基于颠覆性创新的创新型企业技术监控：流程特征及框架结构［J］. 情报理论与实践，2021，44（5）：133－139.

［69］刘洪民，李林遥，刘平，樊钱涛. 颠覆性创新生命周期下后发企业环境扫描框架研究——基于技术、市场双元视角［J］. 科技与管理，2022，24（5）：60－69.

［70］刘洪民，刘平，张世昌，吕海萍. 基于创新决策的企业环境扫描：文献回顾、框架构建与未来展望［J］. 技术与创新管理，2023，44（1）：1－13.

［71］刘洪民，刘炜炜. 创新生态体系的基本架构与政府生态化治理的对策——以杭州城西科创大走廊为例［J］. 杭州学刊，2018，150（4）：86－93.

［72］刘洪民，孟祺. 高能级科技创新平台研究——杭州城西科创大走廊的案例分析［M］. 北京：中国财政经济出版社，2019.

［73］刘洪民，杨艳东，韩熠超. 杭州城西科创大走廊建设全球信息经济科创中心的战略分析与政策建议［J］. 科研管理，2018，39（S1）：337－344.

［74］刘洪民，杨艳东. 用户创新与产学研用协同创新激励机制［J］. 技术经济与管理研究，2017（7）：31－34.

［75］刘健. 区域创新网络的实质及其意义［J］. 当代经济研究，2006（1）：36－39.

［76］刘军，李廉水，王忠. 产业聚集对区域创新能力的影响及其行业差异［J］. 科研管理，2010（6）：191－198.

［77］刘沙，连建新，毛文瑾. 我国产业创新生态系统构建研究［J］. 商业经济研究，2015（16）：124－125.

[78] 刘晓玄，周晓艳．金融资源与实体经济之间配置关系的检验——兼论经济结构失衡的原因 [J]．金融研究，2011 (2)：57-70.

[79] 刘志彪，徐宁．统一市场建设：长三角一体化的使命、任务与措施 [J]．现代经济探讨，2020 (7)：1-4.

[80] 刘志迎．需求约束下的产业创新动态系统进化博弈研究 [J]．科学学与科学技术管理，2007 (12)：55-58.

[81] 柳卸林，吉晓慧，杨博旭．城市创新生态系统评价体系构建及应用研究——基于"全创改"试点城市的分析 [J]．科学学与科学技术管理，2022，43 (5)：63-84.

[82] 柳卸林，孙海鹰，马雪梅．基于创新生态观的科技管理模式 [J]．科学学与科学技术管理，2015，36 (1)：18-27.

[83] 卢峰，姚洋．金融压抑下的法制、金融发展和经济增长 [J]．中国社会科学，2004 (1)：42-55.

[84] 鲁钊阳，廖杉杉．FDI技术溢出与区域创新能力差异的双门槛效应 [J]．数量经济技术经济研究，2012 (5)：75-88.

[85] 罗国锋，林笑宜．创新生态系统的演化及其动力机制 [J]．学术交流，2015 (8)：119-124.

[86] 梅亮，陈劲，刘洋．创新生态系统：源起、知识演进和理论框架 [J]．科学学研究，2014 (12)：1771-1780.

[87] 孟祺．金融支持与全球科创中心建设：国际经验与启示 [J]．科学管理研究，2018，36 (3)：106-109.

[88] 彭本红，鲁倩．移动互联网产业系统生态化治理研究 [J]．中国科技论坛，2016 (10)：32-38.

[89] 齐亚伟，陶长琪．环境约束下要素集聚对区域创新能力的影响——基于GWR模型的实证分析 [J]．科研管理，2014 (9)：17-24.

[90] 冉奥博，刘云．创新生态系统结构、特征与模式研究 [J]．科技管理研究，2014 (23)：53-58.

[91] 冉光和，徐鲲，鲁钊阳．金融发展、FDI对区域创新能力的影响

[J]. 科研管理，2013 (7)：45 -52.

[92] 饶胜，张强，牟雪洁. 划定生态红线创新生态系统管理 [J]. 环境经济，2012 (6)：57 -60.

[93] 邵云飞，范群林，唐小我. 基于内生增长模型的区域创新能力影响因素研究 [J]. 科研管理，2011 (9)：28 -34.

[94] 宋思远. 杭州城西科创大走廊“互联网 +”新兴产业园区空间形态研究 [D]. 浙江大学，2018.

[95] 宋之杰，于华，徐晓华，徐蕾. 国内外创新生态系统研究进展 [J]. 燕山大学学报 (哲学社会科学版)，2015 (3)：118 -127.

[96] 孙国强. 网络组织的内涵、特征与构成要素 [J]. 南开管理评论，2001 (4)：31 -34.

[97] 孙庆. 区域科技创新平台空间布局模式及其选择研究 [J]. 科技管理研究，2012，32 (18)：36 -39，44.

[98] 谈儒勇. 中国金融发展和经济增长关系的实证研究 [J]. 经济研究，1999 (10)：53 -61.

[99] 汤书昆，李昂. 国家创新生态系统的理论与实践 [M]. 合肥：中国科学技术大学出版社，2018.

[100] 唐孝文，刘敦虎，肖进. 动态能力视角下的战略转型过程机理研究 [J]. 科研管理，2015，36 (1)：90 -96.

[101] 汪志波. 产业技术创新生态系统演化机理研究 [J]. 生产力研究，2012 (3)：192 -194.

[102] 王炳富，郑准. 协同创新视角下用户创新影响因素理论框架构建 [J]. 科技进步与对策，2016，33 (17)：14 -19.

[103] 王超恩，张瑞君，谢露. 产融结合、金融发展与企业创新——来自制造业上市公司持股金融机构的经验证据 [J]. 研究与发展管理，2016，28 (5)：71 -81.

[104] 王海花，周洁，杜梅，孙芹. 长三角研究进展与前沿——基于 CiteSpace 的可视化分析 [J]. 管理现代化，2020，40 (3)：118 -122.

［105］王珺，岳芳敏．技术服务组织与集群企业技术创新能力的形成［J］．管理世界，2009（6）：72－81.

［106］王凯．区域创新生态系统情景下产学知识协同创新机制研究［D］．杭州：浙江大学，2016.

［107］王庆金，王焕良，周键．区域一体化创新生态系统演化及治理机制研究［J］．东岳论丛，2021，42（9）：51－62.

［108］王锐淇，张宗益．区域创新能力影响因素的空间面板数据分析［J］．科研管理，2010（3）：17－26，60.

［109］王学军，陈武．区域智力资本与区域创新能力的关系——基于湖北省的实证研究［J］．中国工业经济，2008（9）：25－36.

［110］王雪原，王宏起，李文奇．创新平台的识别与等级认定［J］．科学学研究，2011，29（6）：924－929.

［111］王洋，于君．创新生态系统的国际实践及启示［J］．竞争情报，2020，16（4）：39－48.

［112］王祖强，孙雪芬．杭州城西科创大走廊：功能定位与发展思路［J］．浙江经济，2016（13）：23－24.

［113］危小超，潘港美．创新生态系统治理研究——基于三方演化博弈的视角［J］．北京邮电大学学报（社会科学版），2022，24（2）：68－78.

［114］魏守华，吴贵生，吕新雷．区域创新能力的影响因素——兼评我国创新能力的地区差距［J］．中国软科学，2010（9）：76－85.

［115］吴贵生，谢伟．用户创新概念及其运行机制［J］．科研管理，1996（5）：14－19.

［116］吴林海．中国科技园区域创新能力理论分析框架研究［J］．经济学家，2001（3）：106－111.

［117］吴绍波，顾新．战略性新兴产业创新生态系统协同创新的治理模式选择研究［J］．研究与发展管理，2014（1）：13－21.

［118］吴绍波．新兴产业平台创新生态系统的配套产品合作开发机制研究［J］．软科学，2015（2）：51－55.

[119] 吴绍波. 战略性新兴产业创新生态系统协同创新的知识投入激励研究 [J]. 科学学与科学技术管理, 2013 (9): 71-76.

[120] 吴越, 宋思远. 杭州城西科创大走廊"互联网+"新兴产业园区空间形态对比研究——以阿里巴巴西溪园区、海创园首期与梦想小镇为例 [J]. 建筑与文化, 2018 (10): 83-85.

[121] 夏清华, 陈超. 以海尔为案例的中国本土制造企业商业生态重构研究 [J]. 管理学报, 2016, 13 (2): 165-172.

[122] 邢景丽, 张仲梁. 长三角G60科创走廊高质量发展研究 [J]. 技术经济, 2020, 39 (2): 171-178.

[123] 徐宪平. 加速构建创新生态体系 [J]. 中国经济评论, 2021 (1): 25-28.

[124] 薛澜, 陈玲, 王刚波. 中美产业创新能力比较: 基于对IC产业的专家调查 [J]. 科研管理, 2016 (4): 68-80.

[125] 杨波, 刘伟. 领先用户在线参与新产品开发的动机研究 [J]. 预测, 2011, 30 (2): 66-70.

[126] 杨伟, 戚安邦, 杨玉武. 企业技术创新主体性程度的区域差异及其对区域创新能力的影响 [J]. 经济地理, 2008 (6): 955-959.

[127] 姚潇颖, 卫平, 李健. 产学研合作模式及其影响因素的异质性研究——基于中国战略新兴产业的微观调查数据 [J]. 科研管理, 2017, 38 (8): 1-10.

[128] 于铭, 杨鹏飞. 市场主导与政府主导创新模式的比较研究——以硅谷与筑波为例 [J]. 当代经济, 2014 (13): 82-83.

[129] 余凌, 杨悦儿. 产业技术创新生态系统研究 [J]. 科学管理研究, 2012 (5): 48-51.

[130] 余唯, 李海燕. 科技创新平台共享中存在的问题与对策 [J]. 科技管理研究, 2018, 38 (10): 23-27.

[131] 詹湘东. 基于用户创新社区的开放式创新研究 [J]. 中国科技论坛, 2013 (8): 34-39.

[132] 张军，金煜．中国金融深化和生产率关系的再检验：1987－2001[J]．经济研究，2005（11）：34－44.

[133] 张廷．社会资本视角下的地方高校协同创新研究[J]．中国科技论坛，2013（4）：16－20.

[134] 张学文．知识功能视角下的产学研协同创新路径：来自美国的实证测量[J]．科学学与科学技术管理，2014，35（5）：100－109.

[135] 张云，韩云．长三角G60科创走廊高质量一体化发展研究报告[M]．北京：中国财政经济出版社，2021.

[136] 张振刚，景诗龙．我国产业集群共性技术创新平台模式比较研究——基于政府作用的视角[J]．科技进步与对策，2008，25（7）：79－81.

[137] 张振刚，李云健，陈志明．科技服务业对区域创新能力提升的影响——基于珠三角地区的实证研究[J]．中国科技论坛，2013（12）：45－51.

[138] 赵春荣．政府的职责：创建创新生态系统——论山西转型发展之路[J]．经济问题，2014（7）：122－125.

[139] 赵放，曾国屏．多重视角下的创新生态系统[J]．科学学究，2014（12）：1781－1788，1796.

[140] 赵伟．空间经济学：理论与实证新进展[M]．杭州：浙江大学出版社，2009.

[141] 赵希男，温馨，王艳梅．基于个性优势特征分析的区域创新能力评价与分析[J]．科学学研究，2009（3）：473－480.

[142] 郑庆昌，谭文华，黄静晗．福建省产业公共技术服务平台建设研究[J]．中共福建省委党校学报，2008（1）：19－24.

[143] 郑彤彤，谢科范．基于系统动力学的用户创新行为演化分析[J]．管理学报，2015，12（12）：1824－1831.

[144] 郑彤彤，谢科范．用户创新行为的演化博弈分析[J]．工业工程，2014，17（3）：6－12.

[145] 钟无涯．科技创新平台主体异质性与运营差异比较[J]．科技管理研究，2015，35（14）：83－88.

［146］周五七．长三角高质量一体化发展动态评价及其空间特征分析［J］．经济体制改革，2022（5）：67－74.

［147］朱军浩．何为创新生态系统？美国的创新生态系统及启示［J］．华东科技，2014（11）：66－69.

［148］曾刚．面向未来的长三角创新协作分工体系［J］．张江科技评论，2022（1）：22－23.

［149］曾刚，曹贤忠，王丰龙，叶雷．长三角区域一体化发展推进策略研究——基于创新驱动与绿色发展的视角［J］．安徽大学学报（哲学社会科学版），2019，43（1）：148－156.

［150］曾国屏，苟尤钊，刘磊．从“创新系统”到“创新生态系统”［J］．科学学研究，2013，31（1）：4－12.

［151］曾昆．国外科技创新平台建设经验综述［J］．中国工业评论，2017（12）：68－72.

［152］Agarwal R，GrasslW，Pahl J. Meta－SWOT：introducing a new strategic planning tool［J］．Journal of Business Strategy，2012，33（2）：12－21.

［153］Andrews KR. The Concept Strategy［M］．New York：Dow Jones－Irwin，1971.

［154］Ansoff I. Corporate Strategy［M］．New York：McGraw Hill，1965.

［155］Bert S，Geert D. Strategic technology alliance termination：an empirical investigation. Journal of Engineering and Technology Management［J］．2008，25（4）：305－320.

［156］Brigitte G，Bernard D. Innovation and network structural dynamics：study of the alliance network of a major sector of the biotechnology industry［J］．Research Policy，2005，34（10）：1457－1475.

［157］Chakraborty et al. Takeover Defenses，Golden Parachutes，and Bargaining over Stochastic Synergy Gains：a Note on Optimal Contracting［J］．European Journal of Finance，2008，14（3）：273－280.

［158］Cooke P. Regional Innovation Systems，Clusters and the Knowledge

Economy [J]. Industrial and Corporate Change. 2001 (10): 945 -975.

[159] Dennis Palmini. Uncertainty, risk aversion, and the game theoretic foundations, of the safe minimum standard: a reassessment [J]. Ecological Economics. 1999 (29): 463 -472.

[160] Dodgson M, Hughes A, Foster J, et al. Systems thinking, market failure, and the development of innovation policy: The case of Australia [J]. Research Policy, 2011 (5): 1 -12

[161] Eisenhardt K M, Galunic, D C. [J]. Harvard Business Review, 2000, 78 (1): 91 -106.

[162] Etzkowith H, Leydesdorff L. A triple helix of university government relations: a laboratory for knowledge based economic development [J]. EASST Review, 1995 (1): 14 -19.

[163] Fields L. P. et al. Bidder Returns in Banc assurance Mergers: Is there Evidence of Synergy [J]. Journal of Banking & Finance, 2007, 31 (12): 3646 -3662.

[164] Florian N, Pedro F. Complementarities of internal R&D and alliances with different partner types [J]. Journal of Business Research, 2013, 66 (10): 1080 -1086.

[165] Freeman et al. The Economics of Industrial Innovation [M]. Cambridge: MIT Press, 1997.

[166] Freeman, Luc Soete. Developing science, technology and innovation indicators: What we can learn from the past [J]. Research Policy, 2009: 583 -589.

[167] Furman J L, Porter M E, Stern S. The determinants of national innovative capacity [J], Research Policy 2002, 31 (6): 899 -933.

[168] Gilsing V., Nooteboom B. Exploration and exploitation in innovation systems: the case of pharmaceutical biotechnology [J]. Research Policy, 2006, (35): 1 -23.

[169] González - Pernía, J. L., Peña - Legazkue, I., Vendrell - Herrero,

F. Innovation, Entrepreneurial Activity And Competitiveness at A Sub – national Level [J]. Small Business Economics, 2012, 39 (3): 561 –574.

[170] Goth G. Army – Backed Flexible Display Effort: A Symbol of Public – Private Partnership [J]. Journal of Pervasive Computing. 2006, 5 (3): 4 –6.

[171] Haggett P. Locational Analysis in Human Geography [M]. London: Edward Arnold, 1965.

[172] Herstatt C, Von Hippel E. Developing New Product Concepts via the Lead User Method: A Case Study in a 'Low Tech' Field [J]. Journal of Product Innovation Management, 1992, 9 (4): 213 –221.

[173] Hienerth C, Lettl C, Keinz P. Synergies among Producer Firms, Lead Users, and User Communities: The Case of the LEGO Producer – User Ecosystem [J]. Journal of Product Innovation Management. 2014, 31 (4): 848 –866.

[174] Hwang V W. Horowitt G. The rainforest: the secret to building the next Silicon Valley [M]. Los Altos: Regenwald. 2012.

[175] Ismail Serageldin. Toward Sustainable Management of Water Resources [M]. Washington: The World Bank, 1995.

[176] Johnson J L, Sohi R S. The development of interfirm partnering competence: platform for learning, learning activities, and consequences of learning [J]. Journal of Business Research, 2003 (56): 757 –766.

[177] Kubeczko K., Rametsteiner E., Weiss G. The role of sectoral and regional innovation systems in supporting innovations in forestry [J]. Forest Policy and Economics, 2006 (8): 704 –715.

[178] LearnedEP, ChristensenCR, AndrewsKR. Business Policy: Text and Cases [M]. Homewood, IL: Richard Irwin, 1965.

[179] Lehman G and Tregoning I. Public – Private Partnerships, Taxation and a Civil Society [J]. Journal of Corporate Citizenship. 2004 (15): 77 –89.

[180] Leonard B. D. Core Capabilities and Core Rigidities: A Paradox in Managing New Product Development [J]. Strategic Management, 1992, (13): 115 –125.

[181] Lett C, Herstatt C, Gemuenden H G. Users Contributions to Radical Innovation: Evidence from Four Cases in the Field of Medical Equipment Technology [J]. R&D Management, 2006, 36 (3): 251 – 272.

[182] Levén P, Holmström J, Mathiassen L. Managing research and innovation networks: Evidence from a government sponsored cross – industry program [J]. Research Policy, 2013 (9): 1001 – 1012.

[183] Malerba F. Sectoral systems of innovation [A]. The Oxford Innovation Handbook [C]. New York: Oxford University Press, 2005: 380 – 406.

[184] Maura M, Rodney M. High tech start – ups in University Science Park incubators: the relationship between the start – up's lifecycle progression and use of the incubator's resources [J], Technovation, 2008, 28 (5): 277 – 290

[185] Mohnen P, Roller L H. Complementarities in innovation policy [J]. European Economic Review, 005 (49): 1431 – 1450.

[186] Muller E, Zenker A. Business Services as Actors of Knowledge Transformation: The Role of KIBS in Regional and National Innovation Systems [J]. Research Policy, 2001, 30 (9): 1501 – 1516.

[187] Panagiotou G, Wijnen R. The telescopic observations framework: an attainable strategic tool [J]. Marketing Intelligence & Planning, 2005. 23 (2): 155 – 171.

[188] Philippe D D. An Incomplete Contract Perspective on Public Goods Provision [J]. Journal of Economic Surveys. 2005, 19 (2): 149 – 180.

[189] Raechelle M. Mechanisms for Financing International and National Public Goods [J]. The World Economy. 2005, 28 (8): 1095 – 1117.

[190] Rajan R, Zingales L. Financial dependence and growth [J]. American Economic Review, 1998 (88): 559 – 586.

[191] Riddel M, Schwer R K. Regional Innovative Capacity with Endogenous Employment: Empirical Evidence from the U. S [J]. The Review of Regional Studies. 2003, 33 (1): 73 – 84.

[192] Robert L K. Tiong. Risks and Guarantees in BOT Tender [J]. Journal of Construction Engineering and Management. 1995, 121 (2): 183 ~ 189.

[193] Rothwell R. Towards the fifth – generation innovation process [J]. International marketing review, 1994, 11 (1): 7 – 31.

[194] Shaver J. M. A Paradox of Synergy: Contagion and Capacity Effects in Mergers and Acquisitions [J]. Academy of Management Review, 2006, 31 (4): 962 – 976.

[195] Shine B. C. et al. Brand Synergy Effects in Multiple Brand Extension [J]. Journal of Marketing Research, 2007, 44 (4): 663 – 670.

[196] Smith A, Vob J P, Grin J. Innovation studies and sustainability transitions: The allure of the multi – level perspective and its challenges [J]. Research Policy, 2010 (39): 435 – 448.

[197] Todd M. A. Managing risk and uncertainty in complex capital projects [J]. The Quarterly Review of Economics and Finance, 2004, 44 (5): 751 – 767.

[198] Tura T, Harmaakorpi, V. Social Capital in Building Regional Innovative Capability [J]. Regional Studies, 2005, 39 (8): 1111 – 1125.

[199] Valero – Gil Jesus, Surroca Jordi A., Tribo Josep A., Gutierrez Leopoldo, Montiel Ivan. Innovation vs. standardization: The conjoint effects of eco – innovation and environmental management systems on environmental performance [J]. Research Policy, 2023, 52 (4): 146 – 167.

[200] Victor G, Wim V, Michiel P. Mind the gap: Balancing alliance network and technology portfolios during periods of technological uncertainty [J]. Technological Forecasting and Social Change, 2013 (5): 1 – 12.

[201] Von Hippel E. Democratizing Innovation: The Evolving Phenomenon of User Innovation [J]. Journal fürBetriebswirtschaft, 2005, 5 (1): 63 – 78.

[202] Von Hippel E. Economics of Product Development by Users: The Impact of 'Sticky' Local Information [J]. Management Science, 1998, 44 (5): 629 – 644.

[203] Von Hippel E. Katz R. Shifting Innovation to Users via Toolkits [J]. Management Science, 2002, 48 (7): 821 -833.

[204] Von Hippel E. Perspective: User Toolkits for Innovation [J] Product Innovation Management, 2001, 18 (4): 247 -257.